Bibliografische Information der Deutschen Nationalbibliothek:

Die Deutsche Bibliothek verzeichnet diese Pu
bibliografie; detaillierte bibliografische Date
nb.de/ abrufbar.

C000001042

Impressum:

Copyright © 2004 GRIN Verlag GmbH
Druck und Bindung: Books on Demand GmbH, Norderstedt Germany
ISBN: 978-3-638-69956-3

Dieses Buch bei GRIN:

http://www.grin.com/de/e-book/37716/innovation-des-fremdsprachenunterrichts-
fruehbeginn-und-internationalisierung

Hausarbeit im Rahmen der Ersten Staatsprüfung für das

Lehramt an Grundschulen

Thema: Innovation des Fremdsprachenunterrichts:
Frühbeginn und Internationalisierung am Beispiel von
Schulen in Halberstadt und Ernée

Vorgelegt von: Maren Göpffarth

Thema: Innovation des
              Fremdsprachenunterrichts:
              Frühbeginn und Internationalisierung am
              Beispiel von Schulen in Halberstadt und
              Ernée

Innovationen im Fremdsprachenunterricht:
Frühbeginn und Internationalisierung am Beispiel von Schulen in
Halberstadt und Ernée

Gliederung:

Einleitung

Kapitel 1

1. Geschichte des Fremdsprachenunterrichts – ein kurzer Überblick

1.1 Geschichte der neuen Sprachen vom 16. Jahrhundert bis 1945

1.2 Geschichte der neuen Sprachen seit 1945

1.3 Geschichte des Fremdsprachenunterrichts in der ehemaligen DDR

1.4 Geschichte des frühen Fremdsprachenunterrichts

1.5 Früher Fremdsprachenunterricht seit den 90er Jahren

2. Theoretische und politische Hintergründe des Lehrens und Lernens fremder Sprachen in Deutschland und Frankreich heute

Kapitel 2

Einleitende Gedanken

1. Der gegenwärtige frühe Fremdsprachenunterricht und Innovationen des Fremdsprachenunterrichts am Beispiel der Grundschule St. Vincent in Ernée und der Grundschule EGS in Halberstadt

1.1 Die Grundschule St. Vincent in Ernée

1.1.1 Beschreibung der Grundschule St. Vincent in Ernée

1.1.2 Beschreibung und Auswertung einer Englischstunde Klasse 1

1.1.3 Interview mit dem Direktor der Grundschule

1.1.4 Bewertung der Grundschule im Hinblick auf den Fremdsprachenunterricht, Innovationen und Internationalisierung

1.2 Die Grundschule EGS in Halberstadt

1.2.1 Beschreibung der Grundschule EGS in Halberstadt

1.2.2 Beschreibung und Auswertung einer Englischstunde Klasse 1

1.2.3 Interview mit der Direktorin der Grundschule

1.2.4 Bewertung der Grundschule im Hinblick auf den Fremdsprachenunterricht ,Innovationen und Internationalisierung

3. Interview mit den Fremdsprachenlehrern und Schülern der Schulen in Halberstadt und Ernée zum Thema Innovation und Internationalisierung des Fremdsprachenunterrichts

Fazit

Literatur

Anhang

Innovationen im Fremdsprachenunterricht:
Frühbeginn und Internationalisierung am Beispiel von Schulen in
Halberstadt und Ernée

Einleitung

Mit der Einigung Europas wächst die Verantwortung der Lehrer, insbesondere aber der Fremdensprachlehrer, die Kinder auf eine Zukunft vorzubereiten, die geprägt sein wird von intensiven und häufigen Kontakten mit Menschen aus anderen Kulturen und mit fremden Sprachen. Deshalb gibt es seit Beginn der 90er Jahre verschiedene Initiativen, den Fremdsprachenunterricht zu fördern. Es wurden Konzepte vorgelegt, die vor allem das Angebot von noch mehr Sprachen zum Inhalt hatten, insbesondere aber auch das Erlernen einer Fremdsprache bereits im frühen Kindesalter vorsahen. Ich möchte am Beispiel von Deutschland und Frankreich und hier insbesondere zweier Städte - Halberstadt und Ernée - zeigen,

> ➤ wie sich die Innovation des Fremdsprachen - Frühbeginns an Grundschulen entwickelt und
> ➤ wie der ständig wachsenden Internationalisierung durch Schüleraustauschprogramme Rechnung getragen wird.

In diesem Zusammenhang erscheint ein kurzer geschichtlicher Rückblick auf die Entwicklung des Fremdsprachenunterrichts sinnvoll, der den theoretischen Teil der Arbeit einleitet. Im weiteren Verlauf gehe ich auf die theoretischen und politischen Hintergründe des Lernens und Lehrens fremder Sprachen ein.

Den praktischen Teil der Arbeit widme ich Beobachtungen und Erfahrungen, die ich über den Fremdsprachenunterricht sowie über die Internationalisierung am Beispiel des Austauschprogramm Halberstadt - Ernée sowohl in Frankreich als auch in Deutschland gesammelt habe. Indem ich die derzeit noch herrschenden Probleme klar benenne, möchte ich zu einem größeren Problembewusstsein beitragen, um so zu einer

intensiven und effektiven Umsetzung der Innovation und
Internationalisierung auf der Schulebene gelangen zu können.

Kapitel 1

1. Geschichte des Fremdsprachenunterrichts in Deutschland – ein kurzer Überblick

1.1 Die Geschichte der Vermittlung der neuen Sprachen vom 16. Jahrhundert bis 1945

Die Geschichte des neueren Fremdsprachenunterrichts beginnt in der
zweiten Hälfte des 16. Jahrhunderts. Mit der Entstehung der
Nationalstaaten und den zunehmenden internationalen
Handelsverpflichtungen bekommt die Kenntnis fremder
Landessprachen, insbesondere des Französischen, immer größere
Bedeutung. Sprachkompetenz kann zum damaligen Zeitpunkt jedoch
nur durch Privatunterricht erlangt werden. Das ändert sich mit Johann
Amos Comenius (1592 – 1670), der in seiner „Didactica Magna" fordert,
neben der Muttersprache, die im Mittelpunkt der Sprachenbildung
stehen soll, vorrangig die Sprachen der Nachbarstaaten zu vermitteln.
Griechisch und Latein, die bis zu diesem Zeitpunkt Schwerpunkte des
Sprachenunterrichts bilden, misst er nur sekundäre Bedeutung bei.

Mit dem Aufstieg Frankreichs zur politischen, wirtschaftlichen und
kulturellen Hegemonialmacht entwickelt sich die französische Sprache
zur Verkehrssprache in Europa. Immer häufiger wird nun
Französischunterricht, wenn zunächst auch nur fakultativ, an den
Schulen angeboten. Ziel des Französischunterrichts ist es, Französisch
im diplomatischen Dienst und in den Salons vornehmer Gesellschaften
anwenden zu können.

Innovationen im Fremdsprachenunterricht:
Frühbeginn und Internationalisierung am Beispiel von Schulen in
Halberstadt und Ernée

In Deutschland wird zum Ende des 18. Jahrhunderts an allen Gymnasien Französisch unterrichtet.

Um 1750 gewinnt auch die englische Sprache an Bedeutung, der Unterricht bleibt jedoch vereinzelt. Entscheidendes Gewicht erlangt Englisch als Unterrichtsfach erst im 19. Jahrhundert.

Zu Beginn des 19. Jahrhunderts, zur Zeit der Humboldt - Süvernschen Reformen in Preußen, rückt mit der Besinnung auf das humanistische Bildungsideal nach Humboldt die Vermittlung der alten Sprachen wieder in den Vordergrund der Bildung.

„Das Studium der alten Sprachen hat keinen anderen Nebenzweck als die Ausbildung der humanitas."[1]

Französisch wird zu dieser Zeit nur als Drittsprache und Englisch gar nicht angeboten.[2]

In der zweiten Hälfte des 19. Jahrhunderts kommt es erneut zu einem Aufschwung der neuen Sprachen. Der Schwerpunkt liegt nach Vietor in der Vermittlung der Sprechfähigkeit der Schüler. Der „Grammatischen – Übersetzungsmethode" misst er nur sekundäre Bedeutung bei.

Das ändert sich in der ersten Hälfte des 20. Jahrhunderts, als die englische Sprache mehr und mehr an Bedeutung gewinnt und an vielen Volksschulen als Pflichtfach und erste Fremdsprache angeboten wird. Jetzt beginnt eine Auseinandersetzung über die Rangfolge, in der die neuen Sprachen unterrichtet werden sollen. Mit der Festlegung, Englisch reichseinheitlich als Erst- und Hauptfremdsprache zu vermitteln, beenden die Nationalsozialisten 1937/38 diese Diskussion. Als zweite Fremdsprache folgt Latein, während Französisch nur noch als Wahlpflichtfach angeboten wird und durch Italienisch und Spanisch ersetzt werden kann. Die Gründe für diese Rangfolge sind in den

---

[1] Vgl. Bausch, Karl-Richard. Handbuch der Fremdsprachen. S.610
[2] Vgl. Bausch, Karl-Richard. Handbuch der Fremdsprachen. S.610

außenpolitischen, wirtschaftlichexpansionistischen Zielen des NS –
Staates und dessen Rassenideologie zu sehen.[3]

1.2 Die Geschichte der neuen Sprachen in Deutschland seit 1945

Nach dem zweiten Weltkrieg ändert sich die Situation des
Fremdsprachenunterrichts grundlegend. Ursächlich dafür ist, dass in
den Zonen der vier Besatzungsmächte die Fremdsprachen jeweils nach
deren Vorstellungen unterrichtet werden.[4]

> „Tatsächlich förderten die vier Mächte insbesondere den
> Unterricht in ihrer Sprache"[5].

Das führt dazu, dass es nach 1945 zu einer Ausweitung des
Fremdsprachenunterrichts kommt.

Mit der Gründung der BRD 1949 wird der Föderalismus eingeführt.
Seitdem besitzt jedes Land seine eigene Kulturhoheit und ist somit für
sein Schulwesen selbst verantwortlich. In jedem Bundesland steht ein
Kulturminister an oberster Stelle des Bildungswesens.
Schon 1948 ist die „Ständige Konferenz der Kultusminister der Länder
in der Bundesrepublik Deutschland" – genannt KMK - gegründet
worden, in der die Länder in wichtigen Fragen gemeinsame
Entscheidungen treffen.[6]
In dem Düsseldorfer Abkommen von 1955 wird festgelegt, dass die
englische Sprache in allen Schulformen vorrangig zu unterrichten ist.

Wichtig ist, bei dieser Gelegenheit noch zu bemerken, dass mit dem
Elysée – Vertrag zwischen Frankreich und Deutschland im Jahre 1963
die Grundlagen für die Austauschaktivitäten zwischen Deutschland und
Frankreich gelegt werden.

---

[3] Vgl. Bausch, Karl-Richard. Handbuch der Fremdsprachen. S.612
[4] Vgl. Kubanek-German. Angelika. Kindgemäßer Fremdsprachenunterricht. Band 1. S.104ff
[5] Vgl. Bausch, Karl-Richard. Handbuch der Fremdsprachen. S.615
[6] Vgl. Bausch, Karl-Richard. Handbuch der Fremdsprachen. S.615

1.3 Die Geschichte des Fremdsprachenunterrichts in der ehemaligen DDR

Bildungs- und schulorganisatorische Fragen und Probleme werden in der ehemaligen Deutschen Demokratischen Republik von dem Ministerium für Volksbildung geregelt. Die Bildung soll einheitlich sein, das heißt,

> *„Kinder und Jugendliche unterschiedlicher Herkunft und mit unterschiedlichen Interessenschwerpunkten sollten gemeinsam unterrichtet werden, um auf diese Weise ein möglichst breitangelegtes Fundament gemeinsamer Bildung zu vermitteln."*[7]

In den Grundschulen wird seit 1948 eine Fremdsprache, zu dieser Zeit ausschließlich Russisch, seit 1952 schon ab der dritten Klasse vermittelt.[8]

> *„Es handelte sich um Intensivkurse für ausgewählte leistungsstarke Schüler/innen, in der Regel an fremdsprachlichen Spezialschulen mit Russisch bis zum 12. Schuljahr."*[9]

Andere Fremdsprachen wie Englisch und Französisch werden nur in der Oberschule ab Klasse neun unterrichtet. Das ändert sich 1957, von da an werden Englisch und Französisch schon ab Klasse sieben unterrichtet. Drei Jahre später werden an einigen Schulen auch

---

[7] Vgl. Arbeitsgruppe Bildungsbericht. Das Bildungswesen in der Bundesrepublik Deutschland. S.39
[8] Vgl. Arbeitsgruppe Bildungsbericht. Das Bildungswesen in der Bundesrepublik Deutschland. S.184
[9] Vgl. Hellwig, Karlheinz. Fremdsprachen an Grundschulen als Spielen und Lernen. S.20

Polnisch, Tschechisch und seit 1967 auch Spanisch und Latein angeboten.[10] Der Unterricht unterscheidet sich vollkommen von dem

in der BRD. Während in der DDR der Unterricht sehr leistungsbetont und nach wenig kindgerechten Konzepten abläuft, wird in der BRD viel Wert auf die

> *„situativ – kommunikative Anwendung sprachlicher Kenntnisse in sprachlichen Handlungen oder die Arbeit an den Zielen im affektiven und interkulturellen Bereich"* [11]

gelegt.

Die Wiedervereinigung 1990 bedeutet das Ende des Bildungssystems der DDR. Für den Fremdsprachenunterricht heißt das vor allem größere Wahlfreiheit für die Schüler. Es ist sehr auffällig, dass nach der Wiedervereinigung das Interesse am Russischunterricht stark nachlässt. Die Nachfrage nach Englisch-, Französischunterricht und anderen westlichen Sprachen nimmt demgegenüber stark zu. Die Kultusminister beschließen, die Möglichkeit einer mehrsprachigen Ausbildung zu bieten, besonders auch im Hinblick auf die Erweiterung der europäischen Union.[12]

---

[10] Vgl. Bausch, Karl-Richard. Handbuch der Fremdsprachen. S.616
[11] Vgl. Hellwig, Karlheinz. Fremdsprachen an Grundschulen als Spielen und Lernen. S.20
[12] Vgl. Bausch, Karl-Richard. Handbuch der Fremdsprachen. S.616

1.4. Die Geschichte des „frühen" Fremdsprachenunterrichts

Die obigen Ausführungen machen deutlich, dass die Vermittlung der neuen Sprachen eine lange Geschichte hat. Verglichen damit sind die Bemühungen, Fremdsprachenunterricht schon mit Beginn der Schulzeit einzuführen, relativ jung.

Im Übergang vom 18. zum 19. Jahrhundert gibt es nur vereinzelt Fremdsprachenunterricht für Kinder im Grundschulalter und das nur auf privater Ebene. Nach dem Ersten Weltkrieg beginnen die Walldorfschulen, zwei Fremdsprachen bereits in der ersten Klasse anzubieten. In den 20er Jahren versuchen auch einzelne öffentliche Schulen, im frühen Kindesalter Fremdsprachen einzuführen, allerdings ohne Erfolg.

Während der Besetzung Deutschlands durch die Alliierten hätte das Thema „frühbeginnender Fremdsprachenunterricht" ein interessantes und wichtiges werden können.

> *„Englisch so früh wie möglich – wäre das nicht ein brennendes Thema für Friedenserziehung gewesen? Hätten nicht die jüngeren Kinder aufgrund ihrer weniger verfestigten Anschauungen in den Augen der schulpolitischen tätigen Deutschen und der Erziehungskommissionen der Siegermächte als gute Adressaten der Umerziehungsprogramme gelten können?"* [13]

Man beschäftigt sich jedoch vorrangig mit Problemen, die sich für die Fächer Geschichte, Geografie und Sport ergeben, und vernachlässigt die Fremdsprachen. So verpasst man die Chance, Fremdsprachen

---

[13] Vgl. Kubanek-German. Angelika. Kindgemäßer Fremdsprachenunterricht. Band 1. S.103

schon in der Grundschule einzuführen, vielleicht auch, weil die Amerikaner befürchten, sich zu sehr einzumischen:

> *„Es solle beachtet werden, Englisch nicht zu bevorzugen, damit nicht der Eindruck entstehe, die Engländer wünschten für ihre Muttersprache Priorität."*[14]

Der frühe Fremdsprachenunterricht beginnt infolgedessen erst in der fünften Klasse.

In den 50er Jahren starten neue Versuche, Fremdsprachen schon in der Grundschule dauerhaft zu unterrichten. Ziel dieser Bemühungen ist es, die allgemeinen fremdsprachlichen Kompetenzen der Kinder zu verbessern. Letztlich sind diese Bemühungen als gescheitert zu betrachten, lediglich der „Erweiterte Russischunterricht" an den Grundschulen in der ehemaligen DDR hält sich von 1952 bis 1990 dauerhaft.[15]

---

[14] Vgl. Kubanek-German. Angelika. Kindgemäßer Fremdsprachenunterricht. Band 1. S.105
[15] Vgl. Bausch, Karl-Richard. Handbuch der Fremdsprachen. S.450

1.5 Der frühe Fremdsprachenunterricht seit den 90er Jahren

Durch die Wiedervereinigung Deutschlands und den ständig fortschreitenden europäischen Einigungsprozess erhält die Idee des frühbeginnenden Fremdsprachenunterrichts europaweit neuen Antrieb.[16]

> „Der frühe Fremdsprachenunterricht gilt heute als einer der wichtigsten Brennpunkte aktueller grundschulpädagogischer und –didaktischer Diskussion."[17]

Europa ist eine Kultur mit vielen Sprachen und gerade die Schule hat die Aufgabe, die Kinder auf eine Zukunft in einem vereinten Europa vorzubereiten. Neue Konzepte werden vorgelegt und hinterfragt. Es geht um die zentrale Frage, ob

> „durch die Nutzung der Fähigkeiten des frühen Kindesalters die Endleistungen fremdsprachlichen Könnens verbessert oder gesteigert werden können."[18]

So stellen Doyé und Lüttge nach einem Versuch an Braunschweiger Grundschulen zum Beispiel fest, dass Schüler, die eine Fremdsprache schon in der Grundschule erlernen, noch am Ende von Klasse sieben Schülern weit überlegen sind, die mit den Fremdsprachen erst in der Klasse fünf beginnen.[19]

---

[16] Vgl. Bausch, Karl-Richard. Handbuch der Fremdsprachen. S.450
[17] Vgl. Hegele, Irmtraud. Kinder begegnen Fremdsprachen. S.5
[18] Vgl. Hegele, Irmtraud. Kinder begegnen Fremdsprachen. S.5
[19] Vgl. Doyé, P..Untersuchungen zum Englischunterricht in der Grundschule. S.109

Sämtliche Versuche und Konzepte vorzustellen, würde den Rahmen dieser Arbeit sprengen. In ihrem Buch „Kindgemäßer Fremdsprachenunterricht. Band 2" stellt A. Kubanek - German „Vier Hauptkonzeptionen der Gegenwart" vor.

- Konzeption 1: Der Kindersprachkurs
- Konzeption 2: Verbindung von Sprach- und Sachunterricht
- Konzeption 3: language awareness
- Konzeption 4: Soziokulturelles Lernen plus Sprachlernen

In allen Konzeptionen spielt der Begriff „kindgemäß" eine entscheidende Rolle. Die Bedeutung dieses Begriffs liegt in

> „der empfohlenen Methodenvielfalt, in der stärkeren Berücksichtigung grundschulpädagogischen Wissens, in dem Wunsch, eine positive Einstellung gegenüber anderen Sprachen aufzubauen und in der Überzeugung, der Frühbeginn sei ein Beitrag zu einer Erziehung zu europäischem Bewusstsein."[20]

Die meisten Autoren, die sich mit dem Thema des „frühbeginnender Fremdsprachenunterricht" befassen, betonen die Wichtigkeit der authentischen Begegnung mit der fremden Sprache. Dies kann zum Beispiel durch bilingualen Unterricht, also Unterricht in zwei oder sogar mehreren Sprachen, oder aber durch Austauschprogramme realisiert werden. Schließlich ist die Frage von Inhalt und Umsetzung von zentraler Bedeutung. Die Kinder sollen die Sprache vor allem spielerisch durch Lieder, Bewegungsreime, Geschichten usw. lernen. Und sie sollen vor allem etwas über die fremden Kulturen erfahren.

---

[20] Vgl. Kubanek-German. Angelika. Kindgemäßer Fremdsprachenunterricht. Band 2. S.47

Abschließende Bemerkungen

Dieser knappe Rückblick führt deutlich vor Augen, dass Methoden und Zielsetzungen des modernen Fremdsprachenunterrichts Veränderungen unterliegen, die auf sich wandelnden pädagogischen und gesellschaftlichen Bedingungen zurückzuführen sind. Das momentane Ringen um neue Zielsetzungen und die Diskussion um den frühen Beginn des Fremdsprachenlernens erklären sich zum großen Teil aus dem gesellschaftlichen Veränderungsprozess zu einem vereinten Europa hin und ziehen grundlegende Innovationen im Fremdsprachenunterricht nach sich.

2. Theoretische und politische Hintergründe des Lehrens und Lernens fremder Sprachen in Deutschland und Frankreich heute

2.1 Kommunikative Kompetenzen auf dem Niveau A1 des Gemeinsamen Europäischen Referenzrahmen für Sprachen – ein Auszug

Durch die Entwicklung des Europäischen Referenzrahmens schuf der Europarat eine Voraussetzung für die Förderung von Mehrsprachigkeit in Europa, der - wie zu zeigen sein wird - erhebliche Auswirkungen auf die Rahmenrichtlinien ausübt.

Der Europäische Referenzrahmen ist

> „die auf europäischer Ebene erarbeitete, Einzelsprachen
> übergreifende Rahmenvorgabe zum Fremdsprachenunterricht
> [...]".[21]

> „Der Gemeinsame europäische Referenzrahmen stellt eine
> gemeinsame Basis dar für die Entwicklung von zielsprachlichen
> Lehrplänen, curricularen Richtlinien, Prüfungen, Lehrwerken
> usw. in ganz Europa. Er beschreibt umfassend, was Lernende
> lernen müssen, um eine Sprache für kommunikative Zwecke zu
> benutzen, und welche Kenntnisse und Fertigkeiten sie entwickeln
> müssen, um in der Lage zu sein, kommunikativ erfolgreich zu
> handeln. Die Beschreibung deckt auch den kulturellen Kontext
> ab, in den Sprache eingebettet ist. Der Referenzrahmen definiert
> auch Kompetenzniveaus, so dass man Lernfortschritte
> lebenslang und auf jeder Stufe des Lernprozesses messen
> kann."[22]

---

[21] Vgl. Leupold, Eynar. Französisch unterrichten. S.87

**Innovationen im Fremdsprachenunterricht:
Frühbeginn und Internationalisierung am Beispiel von Schulen in
Halberstadt und Ernée**

Das Niveau A1 sieht die folgenden Lernziele, die unten in der Tabelle
genauer beschrieben werden, vor:

> ➤ Hören und Verstehen
> ➤ Lesen und Verstehen
> ➤ Sprechen
> ➤ Schreiben
> ➤ Kulturelles

Verstehen	Hören	Der Schüler kann einfache mündliche Äußerungen über sich selbst, seine Familie und seine direkte Umgebung verstehen, wenn langsam und deutlich gesprochen wird.
	Lesen	Der Schüler kann bekannte Elemente und sehr einfache Sätze wiedererkennen, z.B. in Anzeigen, Plakaten oder Katalogen.
Sprechen	sich an einem Gespräch beteiligen	Der Schüler kann in einfacher Weise kommunizieren, vorausgesetzt, der Gesprächspartner ist zu Wiederholung und Umformulierung seiner Sätze bereit oder bereit, langsamer zu sprechen und willens, dem Lerner zu helfen, das von ihm Gewünschte zu formulieren; er kann einfache Fragen über Bekanntes stellen oder über dringende Wünsche und kann auf ebensolche Fragen antworten.
	sich mündlich im Zusammenhang ausdrücken	Der Schüler kann Ausdrücke und einfache Sätze verwenden, um seine Wohnung und Menschen, die er kennt, zu beschreiben; er kann eine kurze Sequenz in der Vergangenheit erzählen.
Schreiben		Der Schüler kann einfache e-mails schreiben, kurze Postkarten, z.B. aus den Ferien; er kann einen einfachen Fragebogen über sich ausfüllen.
kulturelle Gegebenheiten		* der Schulalltag eines Gleichaltrigen im anderen Land * Ablauf des Jahres und Schuljahres mit den wichtigsten Ereignissen * Folklore, Personen aus Märchen und Legenden der betreffenden Länder/Regionen * einige spezifische kulturelle Kenntnisse über die Zielländer/-regionen

---

[22] Vgl. www.goetheinstitut.de/referenzrahmen

2.2 Staatliche Regelungen für das Fremdsprachenlernen in Sachsen - Anhalt

Bedingt durch den praktischen Teil dieser Arbeit, ist es wichtig an dieser Stelle kurz auf die Organisation und Rahmenrichtlinien in den entsprechenden Ländern einzugehen.

2.2.1 Die Schulformen in Sachsen – Anhalt: Ein Überblick

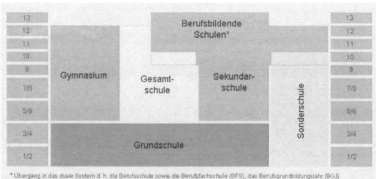

* Übergang in das duale System d. h. die Berufsschule sowie die Berufsfachschule (BFS), das Berufsgrundbildungsjahr (BGJ) oder das Berufsvorbereitungsjahr (BVJ) nach Schuljahrgang 9

23

Die Grundschule umfasst die Schuljahrgänge 1 – 4.

Nach der Grundschulzeit haben die Schüler, je nach ihren Leistungen, die Möglichkeit, auf ein Gymnasium, eine Gesamtschule oder eine Sekundarschule zu wechseln. Die Schulzeit bis zum Abitur beträgt am Gymnasium acht, an der Gesamtschule neun Jahre. Den Sekundarschulabschluss erreicht man an der Gesamtschule sowie an der Sekundarschule nach sechs Jahren. Nach den erreichten Abschlüssen haben die Schüler die Möglichkeit, an berufsbildenden Schulen einen Beruf zu erlernen oder nach dem Abitur ein Studium zu beginnen.

---

[23] Vgl. www.Rahmenrichtlinien.bildung-Isa.de/schulformen

Lernbehinderte Schüler besuchen bis zur neunten bzw. zehnten Klasse die Sonderschule.

2.2.2 Die Rahmenrichtlinien für die Grundschulen in Sachsen – Anhalt - Evaluation

Die fachwissenschaftliche Grundlegung sowie der Versuch, über die unterschiedlichen Schularten in Europa hinweg allgemeine und zugleich innovative Grundsätze für den Fremdsprachenunterricht zu beschreiben, blieben nicht ohne Folgen und Auswirkungen in Bezug auf die Aktualisierung der Rahmenrichtlinien der Länder.

Auf der Webseite www.Bildungsserver.de findet man folgende Informationen über die Situation der Rahmenrichtlinien in Sachsen – Anhalt.

> *„Rahmenrichtlinien bestimmen laut Schulgesetz des Landes Sachsen-Anhalt Ziele, Inhalte, Verfahren und Organisation des Unterrichts für alle Schulen des Landes und sie sollen ihren Beitrag zur Erfüllung des schulischen Bildungs- und Erziehungsauftrages leisten. Rahmenrichtlinien werden durch Erlass des Kultusministeriums in Kraft gesetzt, sofern durch vorausgehende Anhörungsverfahren bestätigt wird, dass sie dem neuesten Stand der fachwissenschaftlichen und didaktisch-methodischen Forschung entsprechen.“*[24]

In den 90er Jahren erfährt das Schulwesen vielfältige Reformen und Veränderungen. Es gibt viele Projekte und Initiativen, die zur Öffnung des Unterrichts sowie zur Schulprofilbildung aufrufen. Besonders die Grundschule ist von den neuen schulrechtlichen Veränderungen stark betroffen. So wird in Sachsen – Anhalt der Englischunterricht ab der

---

[24] Vgl. www.Bildungsserver.de

dritten Klasse obligatorisch, gültige Rahmenrichtlinien gibt es jedoch nicht. Um diesen Veränderungen Rechnung zu tragen, müssen die bisher gültigen Rahmenrichtlinien dringend überarbeitet werden, um Orientierungs- und Steuerungsfunktionen für die künftige Schulentwicklung ausüben zu können.

Deshalb hat die Organisation LISA im Auftrag des Kultusministeriums eine Evaluation durchgeführt, die auch für den frühbeginnenden Fremdsprachenunterricht einen bedeutsamen Fortschritt bewirken sollte.

Mit der Evaluation wurde festgestellt,

„welcher Revisionsbedarf sich für die derzeit gültigen Rahmenrichtlinien aus den inzwischen eingetretenen schulpolitischen Veränderungen, dem beschleunigten gesellschaftlichen Wandel und den mit ihm sich verändernden Sozialisations- und Lebensbedingungen der Kinder ergibt. Dabei sollen die Erfahrungen, Bedürfnisse und Erwartungen der Kinder und Eltern besonders berücksichtigt werden. Im Einzelnen werden folgende Ziele verfolgt:

- *Erkundung von curriculumtheoretischen und schulpraktischen Anforderungen an eine effektive Rahmenrichtlinienstruktur und einer zeitgemäßen inhaltlichen Konzeption*
- *Erhebung von Anforderungen an Rahmenrichtlinien hinsichtlich der Beratung und pädagogischen Führung*
- *Ermittlung von Schüler- und Elternerwartungen an Unterricht und Rahmenrichtlinien*

- *Ermittlung von Kriterien zur Rahmenrichtliniengestaltung aus wissenschaftlicher Sicht."[25]*

Für die Evaluation war eine vielschichtige Betrachtungsweise wichtig. So sollten die unterschiedlichen Sichtweisen auf Unterricht und Schule von Kindern, Eltern, Lehrern, Vertretern der Schulaufsicht und Lehrerausbildung sowie von wissenschaftlichen Experten berücksichtigt und miteinander verbunden werden.

Im Juni 2004 durchliefen die ersten Entwürfe der neuen Lehrpläne das Voranhörungsverfahren. Das gesetzliche Anhörungsverfahren findet voraussichtlich im Januar 2005 statt.

Die Einführung der neuen Lehrpläne ist für das Schuljahr 2005/06 vorgesehen. Bis dahin gelten noch die Rahmenrichtlinien von 1993.

2.2.3 Die Erprobung der neuen Rahmenrichtlinien für Englisch an Grundschulen in Sachsen – Anhalt

Nach den neuen Rahmenrichtlinien ist der Englischunterricht allgemein ab der dritten Klasse der Grundschule vorgesehen. An der EGS (Evangelische Grundschule) in Halberstadt (der praktische Teil der Arbeit bezieht sich auf diese Schule) wird der Fremdsprachenunterricht sogar schon ab der ersten Klasse angeboten. Der Unterricht soll so einen weiteren Beitrag zur Persönlichkeitsentwicklung leisten und die Kinder besser auf die Mehrsprachigkeit in Europa vorbereiten.

Die Hauptaufgabe des frühen Fremdsprachenunterrichts soll darin bestehen, die Kinder zu möglichst früher mündlicher Kommunikation zu befähigen. Dabei ist insbesondere auf die Lebensbereiche der Kinder und auf ihre Vorerfahrung zurückzugreifen, um so ein kindgerechtes Lernen zu gewährleisten.

---

[25] Vgl. www.Bildungsserver.de

Der Unterricht soll hauptsächlich in der fremden Sprache unterrichtet werden. Der Spracherwerb erfolgt in erster Linie durch Imitieren. Hierbei erleichtert der Einsatz von Mimik, Gestik und Realien das Verständnis. Wird zudem der Unterricht fächerübergreifend gestaltet, trägt dies weiterhin zum erleichterten Verständnis bei, da die Kinder mit dem Thema bereits aus der Muttersprache vertraut sind.

Das Ziel, das am Ende der Grundschulzeit im Fremdsprachenunterricht erreicht werden soll, stimmt mit dem Niveau 1 des Gemeinsamen Europäischen Referenzrahmens überein. Eine Übersicht über diese Ziele findet sich unter dem Punkt 2.2.1.

Innovationen im Fremdsprachenunterricht:
Frühbeginn und Internationalisierung am Beispiel von Schulen in Halberstadt und Ernée

2.3 Staatliche Regelungen für das Fremdsprachenlernen in Ernée - Frankreich

2.3.1 Die Schulformen in Frankreich: Ein Überblick

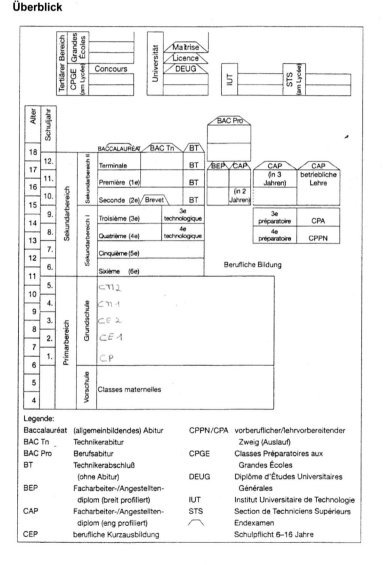

Legende:

Baccalauréat	(allgemeinbildendes) Abitur	CPPN/CPA	vorberuflicher/lehrvorbereitender
BAC Tn	Technikerabitur		Zweig (Auslauf)
BAC Pro	Berufsabitur	CPGE	Classes Préparatoires aux
BT	Technikerabschluß		Grandes Écoles
	(ohne Abitur)	DEUG	Diplôme d'Études Universitaires
BEP	Facharbeiter-/Angestellten-		Générales
	diplom (breit profiliert)	IUT	Institut Universitaire de Technologie
CAP	Facharbeiter-/Angestellten-	STS	Section de Techniciens Supérieurs
	diplom (eng profiliert)	⌒	Endexamen
CEP	berufliche Kurzausbildung		Schulpflicht 6–16 Jahre

Innovationen im Fremdsprachenunterricht:
Frühbeginn und Internationalisierung am Beispiel von Schulen in Halberstadt und Ernée

Zwar werden die Kinder in Frankreich wie in Deutschland mit sechs Jahren eingeschult, ihre schulische Ausbildung beginnt jedoch schon in der Vorschule. Die sogenannte „école maternelle", die alle Kinder kostenlos und freiwillig besuchen, und die Grundschule „école primaire" bilden eine Einheit, den sogenannten Primarbereich, der in drei Zyklen unterteilt ist:

Schulform	Klasse	Alter in Jahren	Zyklus
Ecole Maternelle	Petite Section	3	cycle des apprentissages premiers
	Section Moyenne	4	
	Grande Section	5	
Ecole Primaire	CP Classe Préparatoire	6	cycle des apprentissages fondamentaux
	CE1 Classe Elémentaire 1	7	
	CE2 Classe Elémentaire 2	8	
	CM1 Classe Moyen 1	9	cycle des approfondissements
	CM2 Classe Moyen 2	10	

Wie die Bezeichnung „Classe Préparatoire" schon ausdrückt ist die erste Klasse in Frankreich die Vorbereitungsklasse. Nach dieser Phase besuchen die Kinder die CE2, die „Classe Elémentaire" genannt wird. Die letzten zwei Jahre an der Grundschule werden „Classe Moyen 1 – 2" genannt. Hier werden die Schüler auf die weiterführende Schule, das Collège, vorbereitet.

Mit dem Wechsel zum Collège beginnt die Ausbildung im Sekundarbereich. Alle Schüler besuchen für vier Jahre das Collège. Danach können sie wählen, ob sie zum Gymnasium, zum Berufsgymnasium bzw. zur Berufsschule wechseln.

2.3.2 Die Rahmenrichtlinien in Frankreich – Programmes De L´Ecole Primaire

Da im Rahmen dieser Examensarbeit nur der Fremdsprachenunterricht der Klassenstufen CP und CM1 beobachtet wurde, wird auch nur auf die Zyklen dieser Klassenstufen in den Rahmenrichtlinien eingegangen. Das betrifft den „cycle des apprentissages fondamentaux" und den „cycle des approfondissements". Ähnlich wie in Sachsen – Anhalt werden auch in Frankreich die Rahmenrichtlinien dem europäischen Maßstab entsprechend überarbeitet. Die Arbeit stützt sich bezüglich der Lernziele in erster Linie auf die überarbeitete Fassung, die schon gemeinsame europäische Lernziele festlegt. Darin wird gefordert, Kinder schon in der Vorschule, also gemäß dem „cycle des apprentissages fondamentaux" (siehe oben S. 20), an eine Fremdsprache heranzuführen. Diese soll dann an der Grundschule und im Collège kontinuierlich weitergeführt werden. Wichtig ist, die Kinder im Anfangsunterricht nicht zu überfordern, was durch eine Verknüpfung des Fremdsprachenunterrichts mit anderen Fächern vermieden werden kann.

Die Rahmenrichtlinien sind für ganz Frankreich verbindlich. Jede Grundschule entscheidet jedoch gemäß ihren regionalen Besonderheiten, ob sie eine regionale Sprache oder eine Fremdsprache anbietet.[26]

<u>„Le cycle des apprentissages fondamentaux":</u>

In der Classe Préparatoire (erste Klasse) werden maximal zwei Wochenstunden Fremdsprachenunterricht erteilt.
Dabei sollen folgende Groblernziele erreicht werden:

1. Verhaltensweisen entwickeln, die für das Lernen lebender Sprachen unerlässlich sind, d.h. Freude am Sprachenlernen empfinden, eine aktive und selbstbewusste Haltung in der Verwendung anderer Sprachen fördern,
2. das Gehör an phonologische und akzentbezogene Gegebenheiten einer neuen Sprache gewöhnen,
3. erste Kenntnisse in der neuen Sprache erwerben.

Diese Ziele sollen spielerisch erreicht werden, z.B. durch Auswendiglernen von Liedern und Reimen, durch Sprachspiele oder das Hören von kurzen, mit Bildern unterlegten Berichten (Kassette oder vorlesen). Letztendlich sollen die Schüler in der Lage sein:

➢ von sich selbst zu sprechen,
➢ über ihre Umgebung zu sprechen,
➢ kommunikative Fähigkeiten sprachlich auszudrücken,
➢ sich verbal am Klassengeschehen zu beteiligen.

---

[26] Vgl. Programmes de l'école primaire – Cycle de apprentissages. S.57

„Le cycle des approfondissements"

Die Unterrichtszeit erhöht sich auf zwei Stunden in der Woche. Zusätzlich soll die Lehrkraft über die Woche verteilt 30 Minuten für zielsprachige Aktivitäten zur Wiederholung nutzen. Als allgemeine Lernziele werden gesicherte Sprachkompetenzen im Rahmen von kindgerechten Kommunikationssituationen, Kenntnisse über die Lebensweise und Kultur des Zielsprachenlandes und vor allem die interkulturelle Begegnung in Form von Email Partnerschaften oder Austauschprogrammen genannt.

Das angestrebte Hauptlernziel dieses Zyklus und damit für das Ende der Grundschulzeit ist das Niveau A1 des Gemeinsamen Europäischen Referenzrahmens für Sprachen. Dies soll vor allem durch „Kommunikationsorientiertes Lernen" geschehen.

3. Vergleich der Rahmenrichtlinien

Während sich die Struktur des Schulsystems in Frankreich von der deutschen sehr unterscheidet, sind sich die Rahmenrichtlinien der beiden Länder inhaltlich in vielen Punkten ähnlich. Der größte Unterschied liegt darin, dass die Rahmenrichtlinien in Frankreich für das ganze Land gelten, während in Deutschland jedes Bundesland über seine eigenen Richtlinien verfügt. Die Rahmenrichtlinien in Frankreich schließen auch den Kindergarten (école maternelle) mit ein, in Deutschland gelten die Empfehlungen des Kultusministeriums erst ab der ersten Klasse der Grundschule. In Frankreich sind die Richtlinien in drei Zyklen unterteilt, in Deutschland gibt es nur eine durchgängige Broschüre, die aber auch auf die verschiedenen Klassenstufen eingeht. Während den Grundschulen in Frankreich freigestellt ist, je nach regionalen Bedingungen, zu wählen, welche Sprachen angeboten werden, wird in den vorläufigen Richtlinien von Sachsen – Anhalt nur die englische Sprache genannt.

„Outre les principales langues étrangères enseignée en France, il peut donc s´ouvrir de manière privilégiée aux langues régionales et aux langues frontalières concernées."[27]

*„**Der Englischunterricht** ab dem dritten Schuljahrgang ist integrierter Bestandteil des Grundschulunterrichts."[28]*

*„Les élèves décrouvrent que l`on parle **différentes langues** dans leur environnement comme sur le territoire national. Ils sont amenés à développer à leur égard une attitude de curiosité positive."[29]*

*"Der **Englischunterricht** leistet einen Beitrag zur Persönlichkeitsentwicklung der Kinder, indem er Lerndispositionen für den Erwerb von Mehrsprachigkeit unter Berücksichtigung der Lernvoraussetzungen dieser Altersstufe schafft."[30]*

Beide Rahmenrichtlinien betonen, dass die Verantwortung auf die Vorbereitung des multikulturellen Lebens in Händen der Grundschule liegt. Bemerkenswert erscheint, dass in Frankreich auch der Kindergarten einbezogen wird. Der Unterricht soll kindgerecht sein und vor allem Spaß machen. In beiden Ländern sollen die Fähigkeiten der Kinder zum frühen Fremdsprachenlernen genutzt werden. Gemeint damit sind die Fähigkeiten des Imitierens und vor allem die Unbefangenheit und Neugier der Kinder dem Fremden gegenüber.

---

[27] Vgl. Programmes De L´Ecole Primaire, Cycle Des Apprentissages Fondamentaux. S.57
[28] Vgl Rahmenrichtlinien Grundschule (Erprobung) Englisch. S.4
[29] Vgl. Programmes De L´Ecole Primaire, Cycle Des Apprentissages Fondamentaux. S.57
[30] Vgl Rahmenrichtlinien Grundschule (Erprobung) Englisch. S.4

„Il faut développer chez l'élève les comportements
indispensables pour l'apprentissage des langues vivantes
(curiosité, écoute, mémorisation, confiance en soi dans
l'utilisation d'une autre langue)"[31]

„Der Spracherwerbsprozess vollzieht sich als komplexe Einheit
von sprachlichem, sozialem sowie interkulturellem
Kompetenzerwerb, knüpft an die Vorerfahrungen der
Schülerinnen und Schüler an und stützt sich auf die Prinzipien
des Grundschulunterrichts."[32]

Auch in der Methodik ähneln sich die Richtlinien sehr. Das Mündliche
soll bei beiden Vorrang vor dem Schriftlichen haben. Die Kinder sollen
in der Lage sein, in kindgerechten Situationen kommunizieren zu
können. Der Fremdsprachenunterricht soll fächerübergreifend sein und
Themen aus der Kinderwelt behandeln. Da beide Rahmenrichtlinien
sich auf das Niveau 1 des Gemeinsamen Europäischen
Referenzrahmen für Sprachen beziehen, gibt es auch bei den Grob-
und Feinlernzielen keine Unterschiede zu erkennen.

Abschließende Bemerkungen

Der theoretische Teil dieser Arbeit macht ganz deutlich, dass man
bestrebt ist, zu einer Neubestimmung, siehe Entwicklung des
europäischen Referenzrahmens, Entwicklung neuer Rahmenrichtlinien
usw., der Ziele des Fremdsprachenunterrichts, insbesondere des
frühen Fremdsprachenunterrichts, zu gelangen. Dieser Prozess ist noch
nicht abgeschlossen. Der Referenzrahmen strebt eine Erweiterung der
kommunikativen Kompetenzen an. Es geht nicht mehr nur allein um die
Vermittlung von sprachlichen Wissensstrukturen, sondern um die
Befähigung, sich in

---

[31] Vgl. Programmes De L'Ecole Primaire, Cycle Des Apprentissages Fondamentaux. S.57
[32] Vgl Rahmenrichtlinien Sachsen – Anhalt. Grundschule (Erprobung) Englisch. S.4

„Kenntnis der kulturellen Gegebenheiten sprachlich und nichtsprachlich adäquat zu verhalten."[33]

Wichtige Bedeutung erhält auch die Befähigung des selbstverantwortlichen Lernens und das Verinnerlichen der dazu notwendigen Techniken und Strategien. Letztendlich wird eine Entwicklung der Persönlichkeit hin zu Offenheit, positiver Neugierde, Interesse und Selbstbewusstsein angestrebt.

---

[33] Vgl. Leupold, Eynar. Französisch unterrichten. S.80

Kapitel 2

Einleitende Gedanken

Einen Teil meiner praktischen Studien in Frankreich habe ich an der Grundschule St. Vincent in Ernée gemacht. Der Direktor empfing mich mit den Worten: „Wir leben in Europa, die Kinder müssen auf diese Zukunft vorbereitet werden. Ich finde es toll, dass Sie uns besuchen! Ab wann können Sie bei uns Deutsch und Englisch unterrichten?"
300 Schüler[34] aus Ernée und der näheren Umgebung besuchen die Grundschule. Sie werden von 14 Lehrern im Unterricht betreut. Die Grundschule wird nachfolgend näher beschrieben.

Um einen besseren Eindruck und Überblick über den frühen Fremdsprachenunterricht in Frankreich zu bekommen, habe ich insgesamt in acht Englischstunden und sechs Spanischstunden in verschiedenen Klassenstufen an der Grundschule hospitiert. Bei diesen Stunden handelte es sich um Anfangsunterricht, in dem die Schüler teilweise zum ersten Mal mit der Fremdsprache konfrontiert wurden. Um den Unterricht besser analysieren zu können, habe ich einige Stunden gefilmt. In anderen Stunden wurde ich mit in den Unterricht einbezogen, um zu assistieren. Unter dem Punkt 1.1.2 habe ich den Ablauf einer Englischstunde näher beschrieben und analysiert.

Nach dem Unterricht habe ich die Fremdsprachenlehrer über Innovation und Internationalisierung des frühen Fremdsprachenunterrichts befragt. Besonders wichtig fand ich es, auch den Direktor zu den Themen zu befragen.

Die Grundschule EGS (Evangelische Grundschule) Halberstadt finde ich interessant, da sie zum einen eine sehr kleine Privatschule ist und

---

[34] Aus Gründen der Lesbarkeit habe ich mich entschieden auf die umständliche Formulierung Lehrer/Lehrerinnen und Schüler/innen zu verzichten. Im folgenden Text wird deshalb durchgehend die männliche Form benutzt, wobei das weibliche Geschlecht stets mitgemeint ist.

zum anderen Wert darauf legt, den Englischunterricht schon in der ersten Klasse einzuführen. Unter dem Punkt 1.2.1 wird die Schule näher beschrieben. Da nicht alle Eltern der Schüler damit einverstanden waren, dass der Unterricht gefilmt wird, musste ich leider darauf verzichten. Auch hier habe ich eine Englischstunde beschrieben und analysiert und ein Interview mit der Fremdsprachenlehrerin und der Direktorin durchgeführt. Zum Abschluss werde ich einen binationalen Vergleich auf der Grundschulebene anstellen.

Eine Form der Innovation und Internationalisierung stellt der Schüleraustausch dar. In den meisten Fällen wird er von weiterführenden Schulen durchgeführt. Das Gymnasium Martineum in Halberstadt pflegt mit dem Collège St. Joseph in Ernée eine solche Schulpartnerschaft. Da ich zum Teil an der Organisation eines Austauschprogramms mitgearbeitet habe, habe ich mich entschieden, das Konzept dieser Partnerschaft genauer vorzustellen. Der Punkt „Der Austausch Halberstadt – Ernée" beschäftigt sich mit den Praxiserfahrungen von Lehrern und Schülern. Besonders beobachtet werden sollen die Fortschritte des sprachlichen Könnens der Schüler, Erfahrungen der Schüler, Probleme, Ideen und Verbesserungsvorschläge für die Zukunft. Als Forschungsgegenstände standen mir die Interviews mit den Organisatorinnen des Austauschs, Interviews mit den Eltern und Schülern, die Tagebücher der Schüler und das Programm des Austauschs zur Verfügung.

1. Der gegenwärtige frühe Fremdsprachenunterricht und Innovationen des Fremdsprachenunterrichts am Beispiel der Grundschule St. Vincent in Ernée und der Grundschule EGS in Halberstadt

1.1 Die Grundschule St. Vincent in Ernée

1.1.1 Beschreibung der Grundschule St. Vincent in Ernée

Die öffentliche Grundschule „St. Vincent" ist die einzige in Ernée. Wie schon erwähnt, besuchen 300 Schüler diese kleine Schule. Zu ihr gehört auch ein Kindergarten, in dem aber leider - wegen mangelnder finanzieller Unterstützung - kein Fremdsprachenunterricht stattfindet. M. B., Direktor der Grundschule und des Kindergartens, bedauert das sehr. Die Schüler werden von insgesamt 14 Lehrern und fünf Assistenten betreut, die auch in der Mittagspause und in den Unterrichtspausen auf die Kinder aufpassen. Die Lehrer unterrichten in ihren Klassen jedes Fach, außer die angebotenen Fremdsprachen Englisch und Spanisch. Sechs Lehrer unterrichten die Klassen in Spanisch und Englisch.

Der Unterricht findet in insgesamt sechs Klassenräumen statt. Die Klassenräume sind sehr hell, groß und kindgerecht eingerichtet. In jedem Raum haben die Kinder die Möglichkeit, sich zurück zu ziehen, um zu lesen oder zu spielen. Im hinteren Teil der Klassenräume befinden sich Teppiche, auf die Kinder sich setzen oder legen können. Daneben stehen Regale mit Büchern und einigen Spielen. Die Teppichecke wird auch für den Gesprächskreis genutzt, der den Abschluss eines jeden Schultags markiert. Meistens liest die Lehrkraft den Kindern dann eine Geschichte vor, oder es wird der Geburtstag eines Kindes gefeiert.

Auffällig ist, dass die Sitzordnung sehr frontal angeordnet ist. Es gibt keine Gruppentische, um das soziale Lernen im Unterricht zu fördern. Die Schüler sitzen zu zweit an einem Tisch, der frontal zur Tafel ausgerichtet ist.[35] Das lässt sich jedoch mit der Tatsache erklären, dass in einem Klassenraum meist zwei verschiedene Klassenstufen unterrichtet werden. Mme G. betreut zum Beispiel die Schüler der CP[36] und gleichzeitig die Kinder der CE1[37] in einem Klassenraum. Das erschwert natürlich den Ablauf des Unterrichts. Die Schüler sind jedoch sehr diszipliniert, motiviert und verantwortungsvoll. Außerdem lernen sie auf diese Weise auch, Verantwortung für andere zu übernehmen. Die älteren helfen und unterstützen die jüngeren und erziehen sich so gegenseitig. In der Zeit, in der Mme G. mit den Schülern der CP arbeitet, bearbeiten die Schüler der CE1 Arbeitsblätter, schreiben oder lesen kurze Texte. Wenn sie mit der gestellten Aufgabe fertig sind, dürfen sie leise in die Spielecke und sich dort allein oder gemeinsam beschäftigen. Nach einer halben Stunde wechselt die Situation, und nun sind es die Schüler der CP, die gestellte Aufgaben bearbeiten müssen. Einige Fächer wie zum Beispiel Sachunterricht werden zusammen unterrichtet, allerdings arbeiten die Lehrer hier immer mit differenzierten Arbeitsblättern.

In den Pausen steht den Kindern ein großer Schulhof zum Spielen und Toben zur Verfügung. Die Schule verfügt des Weiteren über eine kleine Sporthalle, eine Kantine und eine kleine Bücherei.

Auf die Zusammenarbeit zwischen Eltern, Lehrern und Direktor wird an dieser Schule großer Wert gelegt. So finden in regelmäßigen und relativ kurzen Abständen Elternabende statt, an denen oft auch der Direktor teilnimmt. Das Verhältnis unter den Lehrern - einschließlich dem Direktor - ist sehr familiär, aber auch sehr respektvoll. Entscheidungen werden immer gemeinsam getroffen.

---

[36] Entspricht in Deutschland der 1. Klasse.
[37] Entspricht in Deutschland der 2. Klasse.

Innovationen im Fremdsprachenunterricht:
Frühbeginn und Internationalisierung am Beispiel von Schulen in
Halberstadt und Ernée

Der Schultag beginnt um 08.45 Uhr und endet für alle um 16.45 Uhr.
Hier eine detaillierte Übersicht über den Tagesablauf:

Zeit	Ablauf
08.45	Beginn des Schultages
08.45 – 09.15	Organisatorisches
09.15 – 10.45	Unterrichtsphase
10.45 – 11.15	Pause
11.15 – 12.45	Unterrichtsphase
12.45 – 13.30	Mittagspause
13.30 – 15.00	Unterrichtsphase
15.00 – 15.15	Pause
15.15 – 16.45	Unterrichtsphase
16.45	Ende des Schultages

Auf den ersten Blick scheint dies ein sehr langer Schultag für Kinder zu sein, aber in der Unterrichtszeit von 09.15 – 10.45 Uhr wechseln die Sozialformen ständig, so dass die Kinder sich sehr viel während des Unterrichts bewegen können. Außerdem haben sie in diesen 90 Minuten auch immer wieder die Möglichkeit, sich in der Spielecke zu erholen, wenn sie ihre Aufgaben erledigt haben. Nachmittags werden grundsätzlich nur die Fächer unterrichtet, die nicht allzu viel Konzentration erfordern, wie zum Beispiel Musik, Sport, Kunst usw.. Trotz des langen Schultages bekommen alle Schüler jeden Tag noch Hausaufgaben gestellt.

1.1.2 Beschreibung und Auswertung einer Englischstunde

Klasse 1

Die Beschreibung und Auswertung der beobachteten Unterrichtsstunden lief bei allen Stunden folgendermaßen ab:

Zunächst wird der pädagogische Ansatz der Stunde, dann die Lehrkraft und zuletzt die Schüler beschrieben. Als Hilfestellung wirde ein Raster genutzt, welches aus dem Buch „Fremdsprachen für die Kinder Europas" stammt.

Zum Abschluss findet eine kritische Reflektion der Unterrichtsstunden statt.

<u>Pädagogische Ansätze der Stunde:</u>

Das Thema der Stunde war: „I am the King. And you?"

Insgesamt nahmen elf Jungen und zehn Mädchen an dem Englischunterricht teil.

Die Aktivitäten dieser Unterrichtsstunde waren ausschließlich mündlich. Die Stunde war ausgelegt auf Verständnis und Ausdrucksfähigkeit der Schüler. Dies geschah durch einfache Wiederholungen von Wörtern und Sätzen, aber auch durch das Singen von Liedern oder das Vortragen von kurzen Dialogen. Die Lehrerin arbeitete viel mit Körpersprache, Mimik und Gestik und mit Veränderungen in der Tonlage der Stimme, um den Kindern die Bedeutung der fremden Worte zu erleichtern. Die genannten Aktivitäten wurden größtenteils von der ganzen Klasse durchgeführt, kurzzeitig kam es aber auch zu individuellen Aktivitäten. Als Unterrichtsmedien wurden Bilder, eine CD mit Liedern und ein „Kommunikationsball" eingesetzt. Die Materialien, die im Unterricht benutzt wurden, waren zum Teil von der Lehrkraft selbst hergestellt worden, zum Teil von Verlagen gekauft. Der Unterricht fand größtenteils (ca. zu 80%) in der Fremdsprache statt.

Es wurde nur auf die Muttersprache zurück gegriffen, um den Schülern bestimmte Vokabeln oder Vorgänge zu erklären. Die Sozialformen wechselten zwischen Frontal- und offenem Unterricht. Die Schüler wurden mehrmals in den Sitz- bzw. Stehkreis gerufen, um bestimmte Dialoge zu üben. Die Unterrichtszeit, in der die Schüler sitzen mussten und sich bewegen konnten, war also sehr ausgeglichen, was den Unterricht sehr kindgerecht machte und die Kinder sehr motivierte.[38]

Die Lehrkraft

Mme G. ist ausgebildete Grundschullehrerin und war meinen schulischen Studien sehr positiv gegenüber eingestellt. Sie war sofort damit einverstanden, dass ihre Unterrichtsstunde gefilmt wird. Sie unterrichtet außer Spanisch alle Fächer. Englisch hat sie nicht studiert, da zu ihrer Studienzeit kein Englisch für die Grundschule angeboten wurde. Sie eignete sich Grundzüge der englischen Sprache durch eine Fortbildung während der Sommerferien an. Ihre linguistischen Kenntnisse und Fähigkeiten für die zu lehrende Sprache Englisch in Bezug auf die Kommunikationsfähigkeit sind eingeschränkt. In einem Gespräch nach der Unterrichtsstunde äußerte sie, dass sie sich bewusst sei, dass ihre sprachlichen Fähigkeiten schlecht sind, sie aber durch Fortbildungen versuchte, dies zu ändern. Die Unterrichtsstunden plant sie ausschließlich nach den Rahmenrichtlinien und mit Hilfe von muttersprachlichen CD´s. Für die Schulsprache ist ihre Kommunikationsfähigkeit aber aufgrund der intensiven Vorbereitung ausreichend.

Die Schüler

Die Schüler dieser Klasse waren sehr an dem Fremdsprachenunterricht interessiert und freuten sich auf die Englischstunden. Schon vor Beginn der Unterrichtsstunde hörte man immer wieder englische Wörter. Auch mir gegenüber waren sie sehr offen und hatten keinerlei Berührungsängste. Immer wieder wollten sie in den Pausen Geschichten auf Deutsch hören und erfreuten sich an der fremden Sprache. „Qu`est – ce que c´est en allemand?", diese Frage hörte ich sehr oft. Auch Fragen über Deutschland, die Kinder, die Schüler, meinen Wohnort usw. waren Teil der täglichen „Interviews", die die Kinder mit mir führten. Ihr Selbstvertrauen im Englischunterricht war recht hoch. Kein Schüler schien große Angst oder Hemmungen zu haben, zu sprechen. Der Großteil der Klasse war sehr neugierig und offen, etwas über die fremde Sprache und Kultur zu erfahren.

Ziele der Unterrichtstunde

Die Stunde wurde, wie oben schon erwähnt, gemäß den Richtlinien geplant. Diese geben vor, dass die Schüler nach dieser Stunde in der Lage sein sollen,

- sich selbst vorzustellen,
- sich zu begrüßen und zu verabschieden und
- die neuen Vokabeln zu verstehen.

Die Vokabeln, die in dieser Stunde eingeführt werden sollen, sind:

- zur Begrüßung: hello, goodbye, good morning, good afternoon
- zur Vorstellung: I am

Verlauf der Unterrichtsstunde:

Nach der Begrüßung führte die Lehrerin die Vokabeln „stand up" und „sit down" ein. Dazu forderte sie einen Schüler auf, indem sie ihn am Arm vorsichtig hochzog und dabei sagt „stand up". Danach drückte sie den Jungen vorsichtig wieder auf seinen Stuhl und sagte „sit down". Alle Schüler wurden aufgefordert, sich hinzusetzen und wieder aufzustehen. Um das Verständnis zu erleichtern, machte sie mit Handbewegungen klar, was „stand up" und „sit down" heißt.

Als Einstieg in die Unterrichtsstunde begann die Lehrkraft, das „Good - afternoon" Lied zu singen.[39] Sie sang das Lied zweimal alleine und begann dann, die Vokabeln auf Französisch zu übersetzen. Danach sang sie eine Zeile des Liedes vor, und die Kinder sangen die Zeile nach. Die Lehrkraft fragte einzelne Kinder: „How are you", die Schüler antworteten: „I´m fine, thank you". Danach wurde das Lied noch einmal gemeinsam gesungen.

Die Lehrkraft erklärte, wie man sich auf Englisch vorstellt. Mit Hilfe eines Balles wurde die Begrüßung und das Vorstellen geübt. Dazu wurden die Kinder in einen Stehkreis gerufen. Die Lehrkraft warf den Schülern den Ball zu. Die Kinder sollten sagen: „Hello, I´m ...". Danach wurde der Ball zur Lehrkraft zurückgeworfen. Jeder Schüler war einmal an der Reihe.

Die Kinder wurden aufgefordert, sich wieder auf ihre Plätze zu setzen. Die Lehrkraft forderte die Schüler auf zu zu hören. Dabei fasste sie sich ans Ohr und sagte: „Listen". Danach wurde eine CD vorgespielt. An der Tafel hingen Bilder der Personen, die auf der CD vorgestellt wurden. Jede Person sagte: „Hello I´m ...". Die Lehrkraft zeigte den Schülern jede Person noch einmal einzeln und sagte: „Hello I´m...", die Schüler sprachen dabei mit. Nebenbei erklärte, sie was „King" und „Queen" auf Französisch heißt. Die CD wurde erneut vorgespielt. Die Lehrkraft

---

[39] Text des Liedes siehe Anhang 1

zeigte dabei auf die Personen, die sich vorstellten. In der Festigungsphase forderte Mme G. eine Schülerin auf, auf die Personen zu zeigen, die an der Tafel hingen und sich auf der CD vorstellten.

Der „Hello Song"[40] wurde den Schülern von der CD vorgespielt. Die Schüler sollten aufmerksam zuhören und versuchen mitzusingen. Die Lehrerin zeigte wieder die dazu gehörigen Bilder.

Die Schüler wurden erneut in den Stehkreis gerufen und einzeln auf Englisch gefragt: „What's your name?". Die Kinder sagten ihren Namen. Der „Hello Song" wurde mit dem Namen eines jeden Schülers gesungen.

Hiernach setzten sich die Schüler in den Sitzkreis. In der Mitte lagen die Bilder der in dem „Hello Song" vorgestellten Personen. Die Kinder sollten die Personen erkennen und auf die zeigen, die die Lehrkraft nannte. So sagte sie zum Beispiel: „Point to the queen", woraufhin die Kinder auf die Königin zeigen sollten.

Dann nahm die Lehrkraft einzelne Bilder und fragte die Kinder: „Who is this". Das Kind, das die Frage richtig beantwortet hatte, darf das Bild behalten. Als alle Bilder verteilt worden waren, fragte die Lehrkraft nach den einzelnen Bildern: „Give me the king". Der Schüler, der das Bild besaß, mußte es der Lehrkraft zurückgeben.

Die Schüler sollten nun durch den Klassenraum laufen und das „Good - afternoon" Lied vom Anfang der Stunde singen. Wenn die Lehrerin aufhörte, das Lied zu singen, sollten sich die Schüler gegenseitig begrüßen.

Danach wurden die Schüler aufgefordert, sich wieder auf ihre Plätze zu setzen. Gemeinsam wurde zum Abschied noch einmal das „Good - afternoon" Lied gesungen. Die Lehrkraft verabschiedete sich von den Schülern mit den Worten: „See you next week. Good bye".

---

[40] Text des Liedes, siehe Anhang 2

Kritische Reflexion der Stunde

Die Stunde verlief im Großen und Ganzen ruhig und gut ab. Mme G. arbeitete viel mit Mimik und Gestik, aber auch mit der Stimme, um den Kindern die Bedeutung der fremden Worte zu erleichtern. Es wurden viele kindgerechte Medien eingesetzt, wie Bilder, CD´s mit Liedern und ein Kommunikationsball. Die Themen der Stunde waren kindgerecht, da die meisten Kinder das Thema Königin und König sehr faszinierend finden. Der häufige Wechsel der Sozialformen, der es den Kinder ermöglichte, sich viel zu bewegen, trug auch einen großen Teil zum kindgerechten Unterricht bei. Durch das gemeinsame Singen und Nachsprechen von Wörtern wurden auch die leistungsschwachen und nicht so selbstbewussten Kinder gefordert, Englisch zu sprechen.

Zu bemängeln ist, dass die Stunde nicht klar gegliedert und das Thema der Stunde nicht gleich erkennbar war. Zu Beginn schien es, dass die Vokabeln „stand up" und „sit down" eingeführt werden. Jedoch tauchten diese Vokabeln im weiteren Verlauf der Stunde nicht mehr auf. Des Weiteren gab es zum Beispiel zu viele Sprünge zu verschiedenen Liedern und Themen. Das wirkte sich jedoch nicht negativ auf den Verlauf der Stunde aus. Die Kinder waren sehr motiviert und konzentriert und schienen Spaß an der Stunde zu haben.

1.1.3 Interview mit dem Direktor der Grundschule

Der Direktor M. B. hat die Grundschule erst vor ein paar Monaten übernommen. Davor hat er 17 Jahre in Afrika eine Grundschule geleitet, ist aber aus familiären Gründen nach Frankreich zurückgekehrt. Die Arbeit mit Kindern wollte er nicht aufgeben, und so übernahm er die Direktorenstelle dieser Grundschule. Er war von den praktischen Studien dieser Arbeit sehr begeistert und betonte immer wieder, wie wichtig es für die Kinder ist, schon im Kindergartenalter mit Fremdsprachen in Berührung zu kommen.

> *„Les enfants sont des Europeens et c´est à nous de les préparés pour l´avenir."*

Leider fehlen für den Kindergarten an dieser Schule die finanziellen Mittel, um fremdsprachliche Betreuer/innen einzustellen. M.B. ist sehr bemüht, einen Weg zu finden, um dies zu ändern. Er ist der Überzeugung, dass es für das frühe Fremdsprachenlernen sehr wichtig ist, dass Muttersprachler den Unterricht übernehmen und dass vor allem Partnerschulen gefunden werden, um Austauschprogramme aufzubauen. Die Grundschule hat eine Partnerschule in Irland. Einmal im Jahr findet für die Schüler der CM2 für zehn Tage ein Austausch statt. „Ce n´est pas beaucoup", so der Kommentar des Direktors. M. B. hält es für sehr wichtig, dass die Kinder mit den fremden Kulturen und den fremden Sprachen direkt in Berührung kommen. Nur so können sie die Sprache verinnerlichen und Spaß am Lernen bekommen. Er hält nichts vom traditionellen Fremdsprachenunterricht, Grammatik lernen, Dialoge aus Büchern nachsprechen usw. Nach seiner Meinung müssen zwar Grundlagen im Klassenraum gelehrt werden, aber auch dieser Unterricht muss den Kindern Spaß machen und lebendig sein, damit die Kinder motiviert sind und keine Angst vor dem Fremdsprachenunterricht haben. Er bedauert sehr, dass die

Realisierung von Austauschprogrammen in allen europäischen Ländern oft an der Finanzierung scheitert. Für die Zukunft seiner Grundschule wünscht er sich:

-alle europäischen Fremdsprachen anbieten zu können,

-mehr engagierte und ausgebildete Fremdsprachenlehrer einstellen zu können,

-Muttersprachler, die den Fremdsprachenunterricht zum Teil oder ganz übernehmen,

-mehr Austauschprogramme mit anderen Grundschulen in europäischen Ländern,

-mehr Unterstützung vom Staat, um das alles realisieren zu können.

1.1.4 Bewertung der Grundschule im Hinblick auf den Fremdsprachunterricht, die Innovationen und die Internationalisierung

Die Grundschule „St. Vincent" ist Innovationen im Bereich des Fremdsprachenunterrichts und im Bereich der Internationalisierung gegenüber sehr aufgeschlossen. Die Lehrkräfte sind sehr bemüht, sich in den angebotenen Fremdsprachen – sogar in ihren Ferien - fortzubilden. Viele Lehrkräfte sind sehr motiviert und bestrebt, den Unterricht offen, spielerisch und kindgerecht zu gestalten, wie im Unterrichtsbeispiel eins (siehe S. 34) beschrieben wurde. Besonders beeindruckend ist das Engagement des Direktors. Er hat es sich zum Ziel gesetzt, die Schüler auf Europa vorzubereiten. In seiner Schule sollen in ein paar Jahren viele Fremdsprachen möglichst von Muttersprachlern oder zumindest von gut ausgebildeten Fremdsprachenlehrern gelehrt werden. Für die angebotenen Fremdsprachen sollen Partnerschulen gefunden werden, um Austauschprogramme anbieten zu können.

1.2 Die Grundschule EGS in Halberstadt

1.2.1 Beschreibung der Grundschule EGS in Halberstadt

Zur Zeit besuchen 50 Schüler die Grundschule. Sie werden von vier
Lehrern und zwei Hortbetreuerinnen beaufsichtigt. Die Grundschule
befindet sich noch in der Aufbauphase.

Sie ist, wie es im Schulgesetz des Landes Sachsen-Anhalts
vorgesehen ist, eine staatlich anerkannte Ersatzschule in freier
Trägerschaft. Sowohl Lernziele als auch Abschlüsse und die
wissenschaftliche Ausbildung der Lehrer/innen sind denen der
staatlichen Schulen gleichwertig. Die EGS ist eine Ergänzung der
Schullandschaft der Region Halberstadt. Der Schulträger ist der
Christliche Schulverein Halberstadt.

Das Konzept dieser christlichen Grundschule lautet folgendermaßen:

*„Grundlage einer christlichen Grundschule ist das von
christlichen Wertvorstellungen geprägte, der persönlichen
Freiheit und der sozialen Verantwortung verpflichtete christliche
Menschenbild. In ihr soll christlicher Glaube bedacht und
erfahrbar werden.*

*Gott hat die Menschen mit unterschiedlichen Anlagen und
Fähigkeiten beschenkt und liebt sie alle gleichermaßen. Seine
Zuneigung ist nicht von Schulzeugnissen abhängig. Das
Anliegen einer christlichen Schule ist es, jeden einzelnen
entsprechend seiner Veranlagung unter Wahrung seiner
persönlichen Freiheitsrechte weitestgehend zu fördern.*

*Gott hat den Menschen ihre Talente gegeben, damit sie
entwickelt und nicht verschleudert werden. Das Anliegen einer
christlichen Schule ist die Förderung der Leistung als einen
unentbehrlichen Ansporn für den Menschen. Sie ist
Voraussetzung für berufliche und gesellschaftliche Qualifikation.*

Leistung ist auf körperlichem, geistigem und musischem Gebiet gleichermaßen zu fördern. Gott hat die Menschen zur Gemeinschaft mit anderen geschaffen. Die eigene Freiheit endet dort, wo die Freiheit der Mitmenschen beginnt. Das Anliegen einer christlichen Grundschule ist es, die Einsatzbereitschaft für Schwächere, die Rücksicht und Achtung für den Mitmenschen zu fördern und den jungen Menschen bei der Frage nach dem Sinn des Lebens zu helfen"[41]

Die EGS unterrichtet nach den Rahmenrichtlinien des Landes Sachsen-Anhalt. Außerdem sind zwei Wochenstunden Religion obligatorisch. Des Weiteren setzt die EGS die folgenden Lernschwerpunkte:

1. Religiöses Lernen (mit sozialen und ökologischen Aspekten)
2. Erwerb von Sprachkompetenz in der Muttersprache und im Englischen als erster Fremdsprache
3. Musische Bildung
4. Förderung der sinnlichen Wahrnehmung

In der ersten und zweiten Klasse lernen die Kinder im Begegnungsunterricht Englisch kennen, ab der dritten Klasse wenden sie Englisch als Fremdsprache an. An der EGS unterrichten Lehrer evangelischen Bekenntnisses. Neben lehrerorientierten und gruppenzentrierenden Unterrichtsformen sind Elemente der Montessori-Pädagogik an dieser Schule von großer Bedeutung. Andere reformpädagogische Elemente sind das Einüben demokratischer Entscheidungsfindung, die breite Vielfalt von Lernformen, das Anknüpfen an das Familienleben und die Eltern-Mitarbeit. Die folgenden pädagogischen und didaktischen Elemente spielen an dieser Schule eine wichtige Rolle:

---

[41] Vgl., Konzept-Christliche Grundschule Halberstadt, S.1

Innovationen im Fremdsprachenunterricht:
Frühbeginn und Internationalisierung am Beispiel von Schulen in
Halberstadt und Ernée

1. Förderung der Selbständigkeit und Verantwortung der Kinder als Mittelpunkt der Pädagogik und Didaktik
2. Die pädagogische Verantwortung der Lehrenden
3. Freiarbeit
4. Andere Lernformen, wie z.B. Projektunterricht
5. Lernen nach Tages- und Wochenplänen
6. Verschiedene Formen der Lernzielkontrolle: Entwicklungsberichte, Briefe an die Kinder und Ziffernzeugnisse, Elterngespräche

Der Tagesablauf an der Grundschule orientiert sich an den physiologischen Gegebenheiten der Kinder und wechselt zwischen Arbeits- und Ruhepausen. Mit der Hilfe von Tages- und Wochenplänen, die teils fakultativ, teils obligatorisch sind, werden die Kinder an selbständiges Arbeiten herangeführt.

Die Schule sieht folgende Tagesstruktur vor:

Zeit	Phase
06.30 – 07.30	Frühhort
08.00 – 09.30	1. Arbeitsphase mit Morgenkreis
09.30 – 10.00	Pause mit Frühstück
10.00 – 11.30	2. Arbeitsphase
11.30 – 11.40	Hofpause
11.40 – 12.10	3. Arbeitsphase
12.10 – 13.00	Mittagspause mit Mittagessen
13.00 – 13.30	Mittagsruhe (Gestaltung der Mittagsruhe mit Vorlesen/ Erzählen...)
Bis 17.00	Arbeitsgemeinschaften, Hausaufgabenzeit, Hortbetreuung

Wie an der Tagesstruktur zu erkennen ist, handelt es sich um eine Ganztags - Grundschule. Die Schule bietet außerdem die Möglichkeit des Lernens in altersgemischten Gruppen. So finden sich zum Beispiel für die Arbeit an Projekten Kinder aus verschiedenen Jahrgängen in einer Gruppe zusammen. Dies entspricht dem natürlichem Lebensumfeld der Kinder, und sie lernen so, miteinander umzugehen und zu lernen. Die Kinder sind sowohl Lehrende als auch Lernende. So können sie ihr Wissen weitervermitteln und ihr Selbstbewusstsein stärken. Die EGS will außerdem ein „Haus des Lernens" für behinderte und nicht behinderte Kinder sein. Auf diese Weise lernen die Kinder, mit dem „Anderssein" selbstverständlich umzugehen und Verantwortung füreinander zu übernehmen. Durch gemeinsames Frühstücken, Aufräumen, Saubermachen und Kochen knüpft die pädagogische Arbeit an das Familienleben an.

Die Schule ist bemüht, eine Klassengröße von höchstens 15 Schülern zu bieten. Da es sich um eine Privatschule handelt, wird ein Schulgeld erhoben, das nach dem Bruttoeinkommen des Familienhaushaltes gestaffelt ist.

1.2.2 Beschreibung und Auswertung einer Englischstunde der ersten Klasse

<u>Pädagogische Ansätze der Stunde</u>

Das Thema der Unterrichtsstunde war: Animals – Old Mc Donald
Insgesamt nahmen 15 Schüler, acht Mädchen und sieben Jungen, einer ersten Klasse an dieser Stunde teil. Die Aktivitäten der Stunde waren ausschließlich mündlich und spielerisch. Die Lehrkraft arbeitete viel mit Körpersprache und kindgerechten Medien, um den Kindern die Bedeutung der fremden Wörter möglichst unbewusst zu vermitteln. Die Medien waren zum Teil von Verlagen gekauft und zum Teil von der Lehrkraft selbst hergestellt worden. Die Tätigkeiten während der Stunde wurden ausschließlich gemeinsam durchgeführt, um auch die nicht so selbstbewussten und leistungsschwachen Kinder zum Mitmachen zu motivieren. Der Großteil der Stunde verlief in der englischen Sprache. Ausnahme war die Klärung von organisatorischer Fragen, die zum Teil in der deutschen Sprache stattfand. Die Sozialformen wechselten ständig. Es fand kein Frontalunterricht statt. Die Kinder hatten so während der Stunde viele Möglichkeiten, sich zu bewegen.

<u>Die Lehrkraft</u>

Frau B. befindet sich im Referendariat. Sie war meinen praktischen Studien gegenüber sehr aufgeschlossen und hilfsbereit. In ihrem Studium war Englisch ihr Hauptfach. An dieser Schule unterrichtet sie Englisch in allen Klassenstufen, Deutsch in der dritten und vierten Klasse. Ihre linguistischen, landeskundlichen und pädagogischen Kenntnisse in Bezug auf das Fach Englisch sind sehr gut. Sie beklagt, dass es für die erste und zweite Klasse keine Rahmenrichtlinien für das Fach Englisch gibt, und sie somit keinen Leitfaden für die Planung des Unterrichts hat. So richtet sie sich in der ersten und zweiten Klasse nach den vorhandenen Lehrwerken und eigenen Vorstellungen. Für den Unterricht in den dritten und vierten Klassen nutzt sie die Empfehlungen der Erprobung der neuen Rahmenrichtlinien für Sachsen – Anhalt.

Die Schüler

Das Alter der Schüler liegt zwischen sechs und sieben Jahren. Einige hatten schon im Kindergarten die Möglichkeit, die englische Sprache kennen zu lernen. Sie sind der fremden Sprache gegenüber sehr aufgeschlossen und motiviert. Der Unterricht in der englischen Sprache machte ihnen großen Spaß. Die meisten von ihnen verstanden sehr viel und waren in der Lage, Bildern die englische Bedeutung zu zuordnen.

Ziele der Unterrichtsstunde

Da es für diese Klassenstufe keine Rahmenrichtlinien und Zielsetzungen gibt, legte die Lehrkraft die Ziele dieser Unterrichtsstunde selber fest. Die Schüler sollten nach dieser Stunde:

-die englischen Namen der Tiere kennen,
-das Lied „Old Mc Donald" verstehen und singen können,
-ihre Lieblingstiere benennen können und
-typische Weihnachtsgegenstände (Weihnachtsmann, Schnee, Geschenke usw.) erkennen und benennen können.

<u>Verlauf der Unterrichtsstunde</u>

Zu Beginn der Stunde wurden die Kinder mit dem in der Klasse bekannten Lied „Good morning to you"[42] begrüßt. Anschließend ging Frau B. durch die Klasse und fragte einige Schüler „How are you?" Die Schüler antworteten „I´m fine thank you".

Anschließend wurden die Schüler in den Sitzkreis gerufen. Frau B. hatte Bildkarten mit Tieren in die Mitte gelegt, jeder Schüler suchte sich ein Tier aus und nahm die Karte an sich. Nun durfte jeder Schüler auf Deutsch etwas über sein Tier sagen. Einige Kinder kannten den Namen des Tieres schon auf Englisch und stellten es den anderen Kindern vor. Den Kindern, die den Namen noch nicht wussten, sagte die Lehrerin die passende Vokabel. Als alle Schüler den Namen ihres Tieres auf Englisch wussten, spielte Frau B. das Lied „Old Mc Donald"[43] auf der Gitarre vor. Ein paar Schüler kannten das Lied schon aus dem Kindergarten und sangen mit. Das Lied wurde mehrmals geübt. Als der Großteil der Schüler das Lied beherrschte, forderte Frau B. die Kinder auf Englisch auf, bei der Strophe ihres Tieres die Karte hoch zu halten. Das Lied wurde erneut gesungen und die Schüler zeigten bei der entsprechenden Strophe ihre Karten. Hatte ein Schüler nicht aufgepasst hat oder war sich nicht sicher, halfen ihm seine Mitschüler.

Zum Ende der Stunde holte Frau B. das Klassen - Maskottchen, eine Handpuppe, die nur englisch spricht, hervor. Die Puppe namens Sammy erklärte den Schülern, dass auch in seiner Heimat – England – bald Weihnachten ist. Mit Hilfe von Bildkarten und authentischen Weihnachtsmaterialien erklärte Sammy den Kindern die Bedeutung der Gegenstände. Vorgestellt wurden unter anderem ein Weihnachtsbaum, Schnee, der Weihnachtsmann, Geschenke usw. Sammy teilte den Kindern mit, dass in der nächsten Stunde Geschenke für die Eltern gebastelt werden sollen.

---

[42] Text des Liedes siehe Anhang 3
[43] Text des Liedes siehe Anhang 4

Kritische Reflexion der Stunde

Die Stunde war klar gegliedert und verlief wie geplant. Die Schüler arbeiteten gut und motiviert mit. Sie hatten viel Spaß beim Singen und lernten die neuen Vokabeln sehr schnell. Kein Schüler schien Angst oder Hemmungen zu haben, Englisch zu sprechen oder zu singen. Einige Probleme gab es bei dem Aussuchen der Tiere. Einige Kinder wollten ein anderes Tier haben, aber das Problem ließ sich schnell lösen und alle Schüler waren zufrieden. Frau B. arbeitete viel mit Mimik und Gestik und kindgerechten Materialien. Die Kinder waren so in der Lage, auch ihnen fremde Wörter auf Englisch zu verstehen. Besonders über Sammy´s Auftritt freuten sich die Kinder sehr und hörten ihm gespannt zu. Die Stunde war sehr kindgerecht und spielerisch gestaltet.

1.2.3 Interview mit der Direktorin der Grundschule

Die Direktorin der Grundschule zeigte großes Verständnis für meine praktischen Studien und beantwortete meine Fragen sehr aufgeschlossen und interessiert. Das Fach Englisch wird, wie schon erwähnt, an dieser Schule ab der ersten Klasse angeboten. Es wird viel Wert darauf gelegt, den Kindern Spaß am frühen Englischunterricht zu vermitteln. Nach Meinung der Direktorin ist es zu spät, erst in der Grundschule mit der Vermittlung von fremden Sprachen zu beginnen. Schon im Kindergarten sollten die Kinder die Möglichkeit haben, sich spielerisch und kindgerecht mit einer fremden Sprache auseinander zu setzen. „Sie lernen nie wieder so schnell und unbefangen Fremdsprachen wie in diesem Alter. Warum nutzt man diese Fähigkeit der Kinder dieses Alters nicht?". Das Konzept des frühen Fremdsprachunterrichts wurde vor drei Jahren von den Gründern der privaten Grundschule ausgearbeitet. Frau G. betonte, dass die meisten Eltern ihre Kinder wegen des frühen Englischunterrichts an dieser Schule anmelden. Sie sind sich bewusst, wie wichtig es heutzutage für die Kinder aufgrund der europäischen Gemeinschaft ist, Fremdsprachen zu beherrschen.

Da die Schule sich noch im Aufbau befindet, hat man sich mit dem Thema „Schüleraustausch und Partnerschule" noch nicht auseinander gesetzt. Die Idee wurde von der Direktorin wie auch von der Fremdsprachenlehrerin der Schule begeistert aufgenommen. Allerdings wäre das für beide erst ab Klasse drei vorstellbar.

Für die Zukunft der Grundschule wünscht sich die Direktorin größere finanzielle Unterstützung für Materialien und Medien und mehr gut ausgebildete Fremdsprachenlehrer, die besonders auf den frühen Fremdsprachenunterricht geschult sind.

1.2.4 Bewertung der Grundschule im Hinblick auf den Fremdsprachunterricht und die Innovationen

Die private Grundschule befindet sich - wie oben schon erwähnt - noch in der Aufbauphase. Die Schule ist sehr bemüht, die Kinder auf ein Leben in Europa vorzubereiten. Das zeigt sich vor allem in dem Angebot des Englischunterrichts ab der ersten Klasse. Die Zusammenarbeit mit den Eltern wird als sehr wichtig eingestuft. Es ist beeindruckend, dass die meisten Eltern ihre Kinder aufgrund des frühen Fremdsprachenunterrichts auf diese Schule schicken. Die Kinder sind begeistert von der englischen Sprache. Das liegt vor allem an dem kindgerechten und spielerisch umgesetzten Fremdsprachenunterricht. Schade ist, dass nur die englische Sprache angeboten wird und man nicht über ein Angebot von weiteren Fremdsprachen nachdenkt.

Eine Schulpartnerschaft oder Partnerschule sind in der derzeitigen Aufbauphase noch nicht denkbar, aber für die Zukunft nicht auszuschließen.

1.3 Binationaler Vergleich auf Grundschulebene

Die folgende Tabelle macht die Gemeinsamkeiten und Unterschiede der beiden beobachteten Grundschulen Halberstadt/ Ernée in Bezug auf die Innovationen des frühen Fremdsprachenunterrichts deutlich. Zu bemerken ist, dass beide Länder vor einer neuen Situation des frühen Fremdsprachenunterrichts stehen, denn dieser wurde erst vor kurzem eingeführt. Der Übersichtlichkeit halber wird Fremdsprachenunterricht mit dem Kürzel FU bezeichnet.

Bewertungs- und Analyse Punkte	Ecole elémentaire St. Vincent (ca. 300 Schüler)	Grundschule EGS (ca. 50 Schüler)
Beginn des FU	1. Klasse	1. Klasse
Angebotene Fremdsprachen	Englisch, Spanisch	Englisch
Anzahl der ausgebildeten Fremdsprachenlehrer	1	1
Anzahl der unterrichtenden und nicht ausgebildeten Fremdsprachenlehrer	3	-
Interkulturelle Lehrziele werden umgesetzt?	Ja	Ja
Kindgerechter FU?	Ja	Ja
Partnerschule mit Austauschprogramm?	Ja	Nein
Interesse an mehr Fremdsprachen?	Ja	Nein

Zusammenfassende Gedanken

An beiden Schulen beginnt der Fremdsprachenunterricht ab der ersten Klasse. An der école primaire werden sogar zwei Fremdsprachen, Englisch und Spanisch, angeboten. Die Grundschule in Ernée hat wie die Grundschule in Halberstadt eine ausgebildete Fremdsprachenlehrerin. Außerdem unterrichten an der Grundschule in Ernée noch drei weitere, nicht ausgebildete Lehrer Fremdsprachen. Die höhere Anzahl der Lehrer ist auf die Größe der Grundschule zurückzuführen. Beide Schulen vermitteln auf kindgerechte Art - siehe Unterrichtsbeispiele oben interkulturelle Lernziele – und bemühen sich um Internationalisierung. Die Grundschule in Ernée pflegt schon seit einigen Jahren einen regelmäßigen Austausch ab der dritten Klasse nach Irland und strebt weitere Austauschprogramme an. Die Grundschule in Halberstadt will diese Idee der Internationalisierung in ihre zukünftigen Überlegungen einbeziehen. Zur Zeit gibt es dazu aber noch keine konkreten Umsetzungen.

2. Innovation und Internationalisierung der Fremdsprachen an weiterführenden Schulen am Beispiel des Schüleraustauschs Halberstadt - Ernée

2.1 Beschreibung der weiterführenden Schulen

2.1.1 Das Collège St. Joseph

Das Collège St. Joseph ist die einzige weiterführende Schule in Ernée. Insgesamt 532 Schüler aus Ernée, einer Stadt mit rund 8000 Einwohnern, und Umgebung besuchen diese Schule und werden von 29 Lehrern betreut und unterrichtet. Die Schule ist eine Ganztagsschule und verfügt über eine Kantine und ein Internat. Neben dem Austauschprogramm Halberstadt – Ernée, bietet die Schule den Schülern noch die Möglichkeit an einem Austauschprogramm mit Spanien teilzunehmen.

2.1.2 Das Gymnasium Martineum in Halberstadt

Das Gymnasium Martineum besuchen insgesamt 960 Schüler aus Halberstadt, einer Stadt mit rund 43000 Einwohnern, und Umgebung. 80 Lehrer unterrichten und betreuen die Schüler.

Schulpartnerschaften verbinden das Martineum mit Jaromer (Tschechien), Ernée (Frankreich), Bugojno (Bosnien Herzegowina), Medina (USA, Ohio), St. Petersburg (Russland) und der Lupalilo High School in Tanzania. Darüber hinaus führen Schulexkursionen die Schüler der 8. Klassen jährlich nach Südengland, die 11. Klassen fahren nach Schottland. Klassenfahrten sind selbstverständlich in viele Regionen möglich.

2.2 Der Austausch Halberstadt - Ernée

2.2.1 Entwicklung des Austauschs Halberstadt – Ernée

Das Austauschprogramm zwischen Halberstadt und Ernée ist noch sehr jung. Alles begann 1997, als Schüler der Gröpertorschule, einer Sekundarschule in Halberstadt, über Briefwechsel mit dem Collège St. Joseph in Ernée Kontakt aufnahmen. Im Mai 1998 ergab sich zum ersten Mal die Möglichkeit eines persönlichen Treffens. Auf der Rückreise eines Berlinbesuches machten die jungen Franzosen in Halberstadt Halt, um ihre Briefpartner und deren Stadt kennen zu lernen. Der Aufenthalt währte zwar nur drei Tage, aber die gegenseitigen Sympathien waren so groß, dass man begann, über einen regelmäßigen Schüleraustausch nachzudenken.

Im folgenden Jahr – 1999 – machte sich eine kleine Schülerdelegation auf nach Ernée, um den Beginn des Austausches in die Wege zu leiten. Man beschloss, einen regelmäßigen Schüleraustausch für Schüler der 9. und 10. Klassen, der alle zwei Jahre mit kurz aufeinander folgenden gegenseitigen Besuchen stattfinden sollte, ins Leben zu rufen. Wesentliche Bestandteile sollten die den Austausch vorbereitende Brief- bzw. Emailkommunikation, die wechselseitige Integration der Jugendlichen in die jeweilige Gastfamilie, der gegenseitige Schulbesuch und die Durchführung gemeinsamer Projekte sein, um so den Jugendlichen einen möglichst umfassenden Einblick in die jeweils fremde Kultur zu bieten.

Im Jahr 2000 fand der erste Austausch dieser Art statt. An ihm nahmen erstmalig auch Schüler des Gymnasiums Martineum teil, was den Beginn des „Dreierbundes" Gröpertor – Saint Joseph – Martineum bedeutete.

In den Jahren 2002 und 2004 konnte die erfolgreiche Geschichte des Austausches fortgesetzt werden.

Geschichte des Austausches – Ein Überblick

Jahr	Anzahl der Schüler Deutschland	Anzahl der Schüler Frankreich
1997	Erste Briefkontakte	Erste Briefkontakte
2000	24	24
2002	33	33
2004	37	37

2.2.2 Vorbereitung, Organisation und Ablauf – der Austausch im April und Mai 2004

2.2.2.1 Vorbereitung und Organisation

Einen Austausch vorzubereiten, zu organisieren und durchzuführen, ist eine schwierige und vielschichtige Aufgabe.

Als erstes wird das Projekt beim Deutsch – Französischen Jugendwerk wegen einer möglichen finanziellen Förderung angemeldet. In einem Bericht werden das geplante Projekt und seine Zielsetzungen eingehend beschrieben. Vorrangiges Ziel ist die Pflege und Vertiefung der bestehenden Verbindungen zu der Partnerschule in Ernée.

Die Auswertung des Austauschs soll auf verschiedenen Ebenen stattfinden:

> ➢ Fotoausstellung in der Schule
> ➢ Ernée – Abend mit den Eltern, Präsentation der Begleithefte und Reiseberichte mit persönlichen Eindrücken und Materialien
> ➢ Reisebericht auf Französisch für interessierte Mitschüler
> ➢ Veröffentlichungen von Beiträgen in den Schülerzeitungen und in Zeitungen der Stadt bzw. des Landkreises.

Liegt die Bewilligung der Unterstützung vom Deutsch – Französischen Jugendwerk vor, geht es in die nächste Planungsphase.

Um interessierte Schüler zu finden, stellt die verantwortliche Lehrerin den Schülern der neunten Klasse den Austausch vor und verteilt Informationsmaterialien für die Eltern.[44] Es müssen immer zwei Partner gefunden werden - einer in Frankreich, einer in Deutschland - weswegen die Anzahl der Schüler, die an dem Austausch teilnehmen, in Frankreich und Deutschland gleich sein muss.

Jeder Schüler, der teilnehmen will, verfasst nun einen Steckbrief mit einer ausführlichen Beschreibung seiner Interessen. Die unterrichtenden Französischlehrer beurteilen das Sprachniveau und geben eine Einschätzung der Schülerpersönlichkeit. Dasselbe geschieht auch in Frankreich.

Die Organisatoren tauschen dann die gesammelten Informationen über die Schüler aus. Die Lehrkräfte suchen anhand der Steckbriefe und der Einschätzungen die möglichst passenden Partner aus. Die Schüler erhalten danach die Steckbriefe ihres jeweiligen Austauschpartners, mit dem sie einen ersten Briefkontakt aufnehmen.

Die Schüler kommunizieren nun regelmäßig per Email oder Brief. In der Schule wird über die Kontakte berichtet und auch darauf geachtet, dass es nicht nur bei einem ersten Kontakt bleibt, sondern dass die Briefkontakte aufrecht erhalten werden.

Zu Weihnachten wird gern eine Tonkassette für die Austauschklasse aufgenommen, auf der sich die deutschen Schüler vorstellen und Weihnachtsgrüße übermitteln.

Als Highlight denken sich die Austauschlehrer mit den Austauschschülern ein besonderes Projekt aus. Bei dem aktuellem Austausch wollte man typische deutsche und französische Lieder gemeinsam singen. In Deutschland wurden die Lieder „Marmor, Stein

---

[44] Informationsblatt zum Austausch siehe Anhang 5

und Eisen bricht", und „Über den Wolken" eingeübt, auf CD aufgenommen und der Partnerschule geschickt.

Die Franzosen schickten im Gegenzug eine CD mit den Liedern „Aux Champs Elysée" und „La mer". Mit Hilfe der CD sollten die Franzosen die deutschen Lieder einüben, die Deutschen die französischen.

Grundsätzlich erarbeiten die Lehrer ein Programm für die Austauschzeit, das zum Beispiel Ausflüge, Verköstigung, Besuche bei Institutionen, Industriebetrieben und beim Ober-/ Bürgermeister und weitere Aktivitäten vorsieht.

Auch die Kollegen müssen informiert und gefragt werden, ob sie bereit wären Austauschschüler in ihrem Unterricht teilnehmen zu lassen.[45] Ca. einen Monat vor Beginn des Austausches wird ein Informationsabend für Eltern und Teilnehmer durchgeführt. Da das Verhalten der Eltern eine wichtige Rolle bei dem Austausch spielt, ist es für einen guten Ablauf entscheidend, dass sie über das Programm eingehend informiert werden. Es wird betont, dass die aufnehmenden Familien keine finanzielle Unterstützung erhalten. Vielmehr geschieht die Aufnahme der Gastschüler aus freien Stücken. Ziel ist die jungen Leute möglichst vollständig in die Familien zu integrieren, um ihnen so einen Einblick in das deutsche und französische Familienleben zu geben, so dass es zu einem guten Einvernehmen und Verständnis untereinander kommt. Sozusagen im Gegenzug dazu können ihre eigenen Kinder auch in den französischen Familien Erfahrungen sammeln. Die Beziehung zwischen den jungen Leuten soll sich mit Hilfe und Unterstützung der Eltern positiv entwickeln. Es wird betont, dass dieser Austausch keine touristische Reise ist, sondern der Schwerpunkt auf die Erfahrung im interkulturellem Bereich gelegt wird. Die Schüler erfahren, wie das Leben in Frankreich/Deutschland stattfindet. Sie werden so befähigt, sich ein eigenes Urteil über die fremde Kultur zu bilden. Wichtig dafür ist es, dass die Schüler bereit sind, sich fremden Kulturen zu öffnen, und dass auch die Eltern ihre Kinder auf mögliche

---

[45] Informationsmaterial für Lehrer siehe Anhang 6

_____

kulturelle Unterschiede mental vorbereiten. So können falsche Erwartungen bei den Schülern und damit einhergehende Probleme vermieden werden. Die Schüler müssen sich des Weiteren darüber im

Klaren sein, dass die Vorbereitung des Austauschs in ihrer freien Zeit stattfindet. Diese Aktivitäten werden nicht in den Stundenplan eingebunden da die Teilnehmer aus unterschiedlichen Klassen kommen. Man trifft sich in einer zusätzlichen gemeinsamen Unterrichtsstunde, um den Austausch sprachlich und inhaltlich intensiv vorzubereiten und aus den Schülern der unterschiedlichen Klassen ein Team zu machen.

Damit die Schüler von diesem Austauschprogramm wirklich profitieren, haben die Lehrer der beiden Schulen ein „Austauschtagebuch/ Dossier" entworfen. Die Schüler werden damit auf kulturelle Gemeinsamkeiten, Unterschiede und landestypische Besonderheiten aufmerksam gemacht. Unter dem Punkt 2.2.4 werden Austauschtagebücher/Dossiers aus Deutschland und Frankreich vorgestellt.

2.2.2.2 Schüler aus Halberstadt in Ernée

Der Austausch begann am 13. April 2004 und endete am 22. April 2004. In dieser Zeit wurde den deutschen Gastschülern eine Reihe von Programmpunkten geboten, die in der folgenden Tabelle vorgestellt werden.

Le date	L'acivité
13. avril après - midi	-Arrivé des correspondants au Collèges St Joseph. Acceuil et retour en famille.
14 avril	-Libre en famille
15 avril 6h – vers1h	-Excursion au Futuroscope à Poitiers.
16. avril matinée à partir de 14h 20 h – 1h	-Libre en famille. -Préparation de la soirée familiale. -Soirée familiale : repas et danse au Foyer Culrurel d´Ernée.
17 avril **18 avril** 8h30 – 19.15	-Libre en famille. -Excursion au Mont Saint Michel Cancale et à Saint Malo.
19. avril 8h30 – 16h45	-Ecole pour tous (cantine le midi) Participation aux cours. -Heure commune pour les Allemands avec leurs professeurs. -Visite du Collège en trois groupe. -Les élèves de Gorron seront avec leur corres à leur

Innovationen im Fremdsprachenunterricht:
Frühbeginn und Internationalisierung am Beispiel von Schulen in
Halberstadt und Ernée

	collège. -Retour en famille.
20. avril 8.30h – 12.30	-Cours pour les Français.
11h15 12h30 13h45 14h45 – 16h45	-Rallye dans Ernée pour tous les Allemands. -Accueil à la mairie par M. Heude, maire d´Ernée. -Repas à la cantine. -Cours pour les Français/ Heure commune pour les Allemands (résultat du rallye). -Activités sportives et ludiques en commune.
21 avril 8h30 – 11h30 8h45 – 11.30 11h45 – 14h	-Cours pour les Allemands. -Activités en 2 groupes pour les Allemands : -visite des Rillettes Goronnaises, -activité culinaire en commun avec des correspondants francais et des personnes du 3ème âge à la Résidence Jacquelin d´Ernée (crèpes) -Repas commun à la Résident Jacquelin. Retour en famille.
22. avril tôt le matin	-Départ des correspondants pour Halberstadt.

Innovationen im Fremdsprachenunterricht:
Frühbeginn und Internationalisierung am Beispiel von Schulen in
Halberstadt und Ernée

2.2.2.3 Schüler aus Ernée in Halberstadt

Der Gegenbesuch fand in dem Zeitraum vom 08. Mai bis zum 17. Mai statt. Auch die Gastgeber in Deutschland hatten ein Programm zusammengestellt, welches in der folgenden Tabellen vorgestellt wird.

Zeit/Datum	Aktivitäten
08.05 ca. 20.00 Uhr	-Ankunft der Austauschschüler -Begrüßung in der Aula des Martineums -Aufnahme in die Gastfamilien
09.05	-Freizeit in den Familien
10.05 7.45 – 9.20 9.40 – 13.15 13.35 – 14.20 14.30 – 15.15 15.20 – 16.10 19.00 – 21.00	 -Präsentation des Gymnasiums Martineum -Anschließend Unterricht für alle, die Austauschschüler sollen den Unterricht in Deutschland kennen lernen. -Mittagessen für alle im Schülercafé. -Orientierungsstunde (siehe Anmerkung 1)für Franzosen und Deutsche getrennt. -Vorbereitung der Tandemarbeit (siehe Anmerkung 2) Domplatz -Internationale Disco in der Gröpertorschule.
11.05 7.45 – 8.30 8.45 – 11.30 11.45 – 12.30 13.00 – 16.00	 -Tandemarbeit Domplatz -Stadtrallye[46] in Halberstadt (siehe Anmerkung 3) -Mittagessen für alle Schüler im Schülercafé. -Fußballturnier im Sportzentrum Halberstadt.
12.05 6.30 – 20.30	 -Ausflug zum Heidepark Soltau.
13.05 7.45 – 10.25	 -Tandemarbeit Domplatz.

---

[46] Stadtrallye siehe Anhang 7

**Innovationen im Fremdsprachenunterricht:
Frühbeginn und Internationalisierung am Beispiel von Schulen in
Halberstadt und Ernée**

11.00 – 14.00	-Festakt 120 Jahre Gröpertorschule
14.00 – 16.00	-Gemeinsame Aktivitäten: 1. T – Shirt – Druck im Kunsthof Halberstadt 2. Schmuckgestaltung mit Metall in der Gröpertorschule 3. Sport und Spiele im Martineum 4. Fotosession im Martineum 5. Kochen wie vor 100 Jahren im Schraubenmuseum
14.05 7.45 – 9.25 10.00 – 11.00 12.30 – 13.30 14.00 – 15.00 15.15 – 16.30	-Unterricht für alle -Besuch der Würstchenfabrik für Franzosen und ein Gang über den Wochenmarkt in Halberstadt. -Mittagessen für alle im FIT – Bildungszentrum. -Empfang beim Bürgermeister für alle -Abschluss der Tandemarbeiten Domplatz und anschließend Orientierungsstunde für Franzosen und Deutsche.
15.05 19.00 – 24.00	-Vor- und Nachmittag wird in den Gastfamilien verbracht. -Abschlussfest für Eltern, Schüler und Lehrer mit Buffet und Tanz im Martineum.
16.05 9.30 – 17.30	-Brockenwanderung mit Quizfragen[47]
17.05 7.00	-Abfahrt der französischen Austauschschüler nach Ernée.

---

[47] Quizfragen Brockenwanderung siehe Anhang 8

Anmerkungen zum Austauschprogramm

Bei allen Aktivitäten wird streng darauf geachtet, dass die Schüler mit ihrem Austauschpartner gemeinsam handeln, um nationale Grüppchenbildungen zu vermeiden.

1. In der Orientierungsstunde haben die Schüler und Lehrer beider Nationen die Möglichkeit, „unter sich" Probleme zu besprechen und diskutieren.

2. Unter der Tandemarbeit ist das binationale Arbeiten an einem Projekt zu verstehen, das von den Schülern einem breiten Publikum vorgestellt wird.

3. Bei der Stadtrallye bekommen die französischen Schüler einen deutschsprachigen Fragebogen zu besonderen Sehenswürdigkeiten und allgemeine Fakten der Stadt. Zwei deutsche Schüler nehmen an dieser Rallye teil, um sicher zu stellen, dass die französischen Gastschüler sich nicht verlaufen. Die anderen deutschen Schüler nehmen am normalen Unterricht teil.

2.2.3 Umfrage zum Austausch – Eltern und Schüler ziehen Bilanz

27 Schüler nahmen an dem oben beschriebenen Austauschprogramm teil. Nach dem Austausch wurden die Schüler und ihre Eltern gebeten, einen Fragebogen auszufüllen.[48] Insgesamt haben 17 Schüler und deren Eltern an dieser Umfrage teilgenommen. Um Konsequenzen für weitere Austauschprogramme ziehen zu können, ist es für die Organisation wichtig, zu wissen, welche Programmpunkte gut angekommen sind und welche nicht, wo Probleme auftraten, was der Austausch den Familien gebracht hat und ob die Schüler sprachlich und emotional gut genug auf den Austausch vorbereitet wurden. Und vor allem, wie bewerten die Schüler so ein Austauschprogramm im Hinblick auf die Frage: „Was hat dir der Austausch gebracht?"

17 Schüler und deren Eltern beteiligten sich an einer solchen Umfrage, deren Ergebnisse im folgenden Abschnitt beschrieben werden.

Das Verständnis mit dem Austauschschüler bezeichneten zehn Schüler als gut bzw. sehr gut, sechs als mittelmäßig und nur einer als nicht gut.

Auf die Fragen, in welcher Sprache die Schüler sich mit ihrem Austauschschüler verständigt haben, antworteten sieben Schüler meistens auf Französisch, sechs Schüler gaben an auf Deutsch und Französisch und vier Schüler verständigten sich auf Deutsch, Französisch und Englisch.

16 Schüler gaben an, sich bemüht zu haben, mit dem Gast zu sprechen, nur einer nicht. Von den Gastschülern bemühten sich nach Aussagen der Befragten 12 zu sprechen und fünf nicht.

An das Familienleben haben sich 15 Schüler gut angepasst. Nur zwei Schüler konnten sich nicht so recht an das fremde Familienleben gewöhnen. Nach Aussagen der Gastfamilien entzog sich ein Schüler völlig dem Familienleben, von dem anderen wurde berichtet, dass er

---

[48] Fragebogen zur Bilanz des Schüleraustauschs in Halberstadt siehe Anhang 8

sich nicht an die deutschen Essgewohnheiten anpassen konnte und wollte und auch nicht an den Zeitablauf der Familie.

Gemeinsame Aktivitäten, die als gut befunden wurden, waren der Besuch des Heideparks Soltau, das Abschlussfest, der T – Shirt Druck, Sport und die Schmuckgestaltung.
Besuche in Thale, Wernigerode und Magdeburg, Schwimmen, Grillen, Fahrradtour und Bowlen kamen demgegenüber als Veranstaltungen in der Familie und mit Freunden gut an.

Nicht gefallen hat den meisten die Brockenwanderung. Als Grund dafür wurde genannt, dass am Abend vorher eine Party stattfand und dass die Wanderung zu lang war. Drei Schüler äußerten außerdem, das Programm sei zu umfangreich gewesen, weshalb zu wenig Zeit für Freizeit und Hausaufgaben blieb.

Schwierigkeiten gab es nur mit zwei Austauschschülern. Von einem wurde berichtet, dass er aufdringlich war, und von dem anderen, dass er überhaupt kein Interesse an seiner Gastfamilie, der deutschen Sprache und den deutschen Gewohnheiten zeigte.

Unter dem Punkt „Weitere Bemerkungen oder Hinweise" schrieb ein Schüler, dass der Kontakt zu dem Gastschüler noch vorhanden und ein privater Besuch geplant ist. Ein anderer Schüler äußerte, dass der Austausch seiner Meinung nach eine gute Möglichkeit war, sein Französisch zu verbessern.
Ein sehr begeisterter Schüler schrieb, dass er jederzeit wieder an so einem Programm teilnehmen würde.

Zum Abschluss waren die Schüler und Eltern aufgefordert, eine Bewertung des Austauschprogramms vorzunehmen. Dabei sollten nach dem französischen Wertungssystem Punkte auf einer Skala von 1 (schlecht) – 20 (sehr gut) vergeben werden.

Die überwiegende Mehrheit bewertete den Austausch als gut bzw. sehr gut. Von 16 abgegebenen Bewertungen lagen 13 im Bereich von 15 – 20 Punkten, zwei Bewertungen erfolgten mit 12 Punkten, lediglich eine mit acht Punkten. Das lässt darauf schließen, dass der Austausch von der großen Mehrheit als sehr gelungen betrachtet wurde.

Die folgenden Ergebnisse des Interviews mit den Schülern zu dem Thema „Erfolge des Austausches" unterstreichen deutlich die positiven Lernergebnisse – sprachlich wie auch interkulturell – aus Sicht der Schüler:

Glaubst Du das der Besuch in Frankreich beim Lernen der Sprache hilft?

Antwortmöglichkeiten	Anzahl der Schüler
Ja	17
Nein	1

Innovationen im Fremdsprachenunterricht:
Frühbeginn und Internationalisierung am Beispiel von Schulen in
Halberstadt und Ernée

Was hat Dir der Austausch gebracht?

(Die Schüler gaben mehrere Ergebnisse an)

Erfahrungen der Schüler	Anzahl der Schüler
Ich kann mehr auf Französisch verstehen	15
Ich kann mich besser in der Sprache ausdrücken	10
Ich habe viel Umgangssprache gelernt	5
Ich konnte das im Unterricht Gelernte mal anwenden	5
Ich habe mehr über das Land und die Kultur erfahren	10
Ich habe neue Freunde gefunden in Frankreich	10
Ich habe immer noch Kontakt zu meinem Corres	8

2.2.5 Schülertagebücher zum Austausch

Die Schüler beider Länder werden während der zehn Tage des Austauschprogramms nicht nur gezwungen, sich mit der fremden Sprache auseinander zu setzen, sondern auch mit den kulturellen Unterschieden. Es wird folglich sowohl das sprachliche als auch das interkulturelle Lernen gefördert. Dazu hat jeder Schüler die Aufgabe, zu dem Austausch ein Schülertagebuch zu schreiben. „Mon voyage à Ernée" heißt es in Deutschland, in Frankreich wurde es "Deutsch – Französischer Schüleraustausch" genannt. Die Tagebücher sind in zwei Kapitel gegliedert. Im ersten wird der Besuch der Austauschschule beschrieben, im zweiten wird über den Gegenbesuch berichtet. Ein Teil des Tagebuches wurde von den Lehrkräften vorgegeben. Die Schüler bekamen Arbeitsblätter zu bestimmten Themen, die in dem Tagebuch enthalten sein mussten. Die restliche Gestaltung war jedem Schüler selbst überlassen. Einzige Bedingung war, dass die deutschen Teilnehmer ihre Tagebücher auf Französisch schreiben mussten und die französischen auf Deutsch. Folgende Themen waren zu bearbeiten:

> - Die Familie   Ma famille française
> - Das Essen   Bon Appétit
> - Die Stadt   La Ville
> - Die Schule   L´Ecole
> - Die Aktivitäten   Les Excursions

**Innovationen im Fremdsprachenunterricht:
Frühbeginn und Internationalisierung am Beispiel von Schulen in
Halberstadt und Ernée**

Um den Schülern die Kommunikation in der fremden Sprache zu erleichtern, wurden außerdem Arbeitsblätter mit typischen Redewendungen vorbereitet. Die Schüler haben immer wieder die Aufgabe, neues Wortgut - vor allem aus dem Bereich der Umgangssprache - zu erfragen und aufzuschreiben. Dadurch bekommen sie und die zuständige Lehrkraft einen Überblick über die sprachlichen Fortschritte.

Im Folgenden wird ein außerordentlich gutes Tagebuch aus Frankreich und eins aus Deutschland beschrieben.

Der erste Teil des deutschen Tagebuchs handelt von dem Besuch in Ernée. Zunächst zeichnete die Schülerin auf einer Landkarte die Strecke von Halberstadt nach Ernée ein und beantwortete landeskundliche Fragen zu Ernée.

Dann folgte der Programmablauf in Ernée.

Unter dem Punkt „Ma famille francaise" beschreibt sie „ihre Familie" und „ihr zu Hause" und illustriert ihre Aufgaben anschaulich durch Fotos und Skizzen.

Zur Beschreibung der Stadt beantwortete sie Fragen zu den Sehenswürdigkeiten, der Umgebung, der Einwohnerzahl, den Nummernschildern der Autos sowie den wichtigen Festaktivitäten.

Auf einem Streifzug durch Ernées Einkaufwelt (Markt, Supermarkt, Fachgeschäfte...) stellt sie Unterschiede bei Angeboten, Preisen und Öffnungszeiten fest und belegt ihre Aussagen mit Werbeprospekten der Geschäfte.

Unter dem Punkt „Bon appétit" fallen der Schülerin Unterschiede der Essgewohnheiten auf. Vor allem bemerkt sie, dass die Mahlzeiten der Franzosen aus drei Gängen bestehen:

> ➢ L´hors d´oeuvre (salade)
> ➢ Repas (viande, garniture…)
> ➢ Dessert (fruits, yaourt…),
> ➢ und dass der Franzose sehr großen Wert auf zwei warme Mahlzeiten am Tag legt.

Schön findet sie die Angewohnheit der Franzosen, nach der Hauptmahlzeit gemeinsam gemütlich Käse und Weißbrot zu essen. Ihr fällt auf, dass die Franzosen sehr viel stilles Wasser und Wein zu den Mahlzeiten trinken. Als Spezialitäten dieser Region nennt sie Crêpes, Cidre und Fromage.
Informativ sind die typischen französischen Rezepte, die sie hier anfügt.

Die Themen „La Presse" und „La télé" illustrierte C. mit Ausschnitten aus verschiedenen Zeitungen und Fernsehprogrammen. Weiter sollten die Schüler herausfinden, wie viele und welche Sender es im französischen Fernsehen gibt. Außerdem bestand eine Aufgabe darin, mit dem Austauschpartner eine Serie im Fernsehen anzusehen und dabei vor allem auf die Werbespots zu achten, die auch im deutschen Fernsehen laufen. Anschließend sollte sie entscheiden, welcher ihr besser gefallen hat. C. gefiel es sehr gut, die Serie „Popstars" in Frankreich zu beobachten. Ihr Favorit der Werbespots ist „Kinderschokolade", da sie es sehr amüsant fand, das deutsche Wort „Kinder" im französischem Fernsehen zu hören.

Unter dem Punkt „l´école" sammelt sie allgemeine Informationen über die Partnerschule (Wie viele Lehrer unterrichten hier wie viele Schüler? Wann haben die Schüler in Frankreich Ferien? Wie lange dauert ein Unterrichtstag? Ist das Benotungssystem dasselbe wie in Deutschland?), notiert den Stundenplan ihrer Austauschpartnerin und stellt fest, dass ein Schultag in Frankreich bedeutend länger als in Deutschland ist und somit für deutsche Schüler sehr anstrengend.

Dafür haben die Schüler in Frankreich längere Sommerferien, wovon C. sehr begeistert war. Typische „Schulvokabeln" trainiert sie durch Vervollständigung ihrer entsprechenden Wortlisten.

Im folgenden macht sie Angaben zu den Unterrichtsstunden, die sie besucht hat. Hierzu schrieb sie auf, dass sie aus dem Kontext heraus die Themen der Stunden verstanden hat, aber ihr viele fachliche Vokabeln zum vollkommenen Verständnis fehlen. Außerdem sprachen ihr die Lehrer und Schüler zu schnell. Sie. hat alle Arbeitsblätter und Notizen, die sie während der Stunden gemacht hatte, in ihr Tagebuch aufgenommen. Schließlich führte sie ein Interview mit einem Lehrer. Sie erfragte den Namen des Lehrers und erfuhr, dass M. H. das Fach Geschichte schon seit 30 Jahren unterrichtet. Weiter fand sie heraus, dass M. H. schon einige Male in Deutschland war und einige Sätze auf Deutsch sprechen kann. Dem Schüleraustausch gegenüber ist M. H. sehr positiv eingestellt. Er erklärte C., dass es sehr wichtig ist, fremde Kulturen und Sprachen kennen zu lernen.

Der Punkt „le loisirs" half C., einen Einblick in das Freizeitleben eines französischen Jugendlichen zu bekommen. Was machen die Schüler in ihrer freien Zeit? Welche Musik ist in Frankreich bei den Jugendlichen populär?

C. stellt fest, dass die Jugendlichen in Frankreich sehr wenig Freizeit haben, da die schulischen Aktivitäten sehr viel Zeit in Anspruch nehmen. Wenn sie Freizeit haben, verbringen sie diese genau wie deutsche Jugendliche: Kinobesuche, Freunde besuchen, Musik hören, Computer spielen...

Im letzten Teil beschreibt sie die Exkursionen nach:

> ➤ Saint Malo
> ➤ Le Mont St. Michel
> ➤ Le Futuroscope

Der Schülerin gefielen alle Exkursionen sehr gut, besonders aber das Futuroscope. Zu allen besuchten Orten und Einrichtungen sammelte sie Informationsbroschüren und Ansichtskarten, die ihren Bericht sehr lebendig wirken lassen.

Auf der vorletzten Seite ihres Tagebuchs fügte sie Zeitungsartikel aus Frankreich und Deutschland über das Austauschprogramm ein.

Die letzte Seite des Tagebuchs hieß: „Loin des yeux, mais pas loin du coeur." Auf dieser Seite konnten neu gewonnene Freunde Notizen, Wünsche, Gedanken und Grüße aufschreiben.
Unter anderem wurde Folgendes geschrieben:

> ➤ „Coucou! Alors contente de ton séjour. Moi je suis contente de t´avoir conve et je suis présser d´être en Allemagne! Bis bald!"
> ➤ „Hallo! Das ist mich! Je suis heureux que tu sois venue chez moi et d´avoir fait ta connaissance! Ta corres adoré!"
> ➤ „J´espère qu´on revera un jour. Tu vas me manque. Je t´adore! Bisous!"
> ➤ "Coucou! Du bist echt sympathisch! Du bist eine super Brieffreundin! Je t´adore! J´espère que tu pourras revenir en France plus tard. Bisous et à bientôt à Halberstadt"

In dem zweiten Kapitel des Tagebuchs ging es um den Gegenbesuch in Halberstadt. Die Schülerin C. klebte auch für diesen Teil das Programm ein und dokumentierte den Ablauf des Austauschs mit vielen aussagekräftigen Bildern und Überschriften.

Wie oben schon erwähnt, waren die „Dossiers" der Franzosen von den Themen her gesehen gleich. Das Tagebuch der französischen Schülerin A. wurde mit dem Titel „Deutschland – Eine ewige Freundschaft – Frankreich" überschrieben. Die Schülerin führte auf deutsch Interviews mit ihren Gasteltern und ihrer Austauschpartnerin durch. Das Tagebuch war vor allem auf die Unterschiede und Gemeinsamkeiten von Deutschland und Frankreich ausgelegt.

Einen großen Unterschied stellte sie bei den Essgewohnheiten der Deutschen fest. Ihrer Meinung nach essen die Deutschen sehr oft und vor allem viel Fleisch. Des Weiteren fiel ihr auf, dass in ihrer Gastfamilie abends nicht warm gegessen wird. Ihr hat das Essen in Deutschland gefallen, obwohl es für sie ungewohnt war. Als deutsche Spezialitäten nannte sie Halberstädter Würstchen und Harzer Käse.

In Bezug auf die Stadt hob sie hervor, dass in Halberstadt mehr Grünflächen vorhanden sind und dass es mehr Fahrradwege als in Ernée gibt. In Deutschland gibt es auf den Autobahnen kaum Geschwindigkeitsbegrenzungen, was in Frankreich viel strenger gehandhabt wird, da es in Frankreich auf den Autobahnen generelle Geschwindigkeitsbeschränkungen gibt.

Im schulischen Bereich gefiel ihr sehr gut, dass die Schüler in Deutschland nachmittags weit aus mehr Freizeit haben. Dafür beginnt der Unterricht in Deutschland aber auch früher als in Frankreich.

Über die Exkursionen und Aktivitäten hat die Schülerin ein Fototagebuch gestaltet. Besonders gefallen hat ihr der Besuch im Heidepark Soltau, die Brockenwanderung, die Stadtrallye, die Schmuckgestaltung und die Tandemarbeit. Nicht gefallen hat ihr der Besuch in der Fabrik der Halberstädter Würstchen.

Die letzte Seite der Dossiers bestand genau wie in den deutschen Tagebüchern aus Grüßen, Wünschen und Sprüchen der neuen europäischen Freunde:

> ➤ "Es war eine schöne Zeit hier in Frankreich – hoffe wir werden irgendwann noch einmal so etwas zusammen erleben"
> ➤ "Ich fand´s trotz manchen Streitigkeiten übelst schön. Werd das hier alles nicht vergessen! Viel gelernt! Hab dich lieb!"

2.2.4 Auswertung der Interviews mit den Organisatoren des Austauschsprogramms Halberstadt - Ernée

Die beiden Fremdsprachenlehrerinnen, die den Austausch Halberstadt und Ernée organisieren, sind der Überzeugung, dass zum Fremdsprachenlernen ein Wechsel in die fremde Kultur des jeweiligen Landes unbedingt notwendig ist. Während des Studiums haben Mme L. und Frau G. selber die Erfahrung gemacht, wie wichtig ein Auslandaufenthalt ist, nicht nur, um die Fremdsprache richtig zu lernen, sondern auch, um Kultur und Menschen kennen zu lernen. Diese Erfahrung und den daraus resultierenden Lernprozess wollen beide Lehrkräfte durch das Austauschprogramm an ihre Schüler weitergeben. Die folgenden Gesichtspunkte ergaben sich aus längeren Gesprächen mit beiden Verantwortlichen.

Durch den Austausch erleben die Schüler die Möglichkeit, dass das Erlernte in die Praxis umsetzbar und anwendbar ist. Für die meisten ist es der erste Kontakt mit der französischen Sprache in einer authentischen Situation. Der erstaunte Ausspruch einer Schülerin die mit strahlenden Augen feststellte: „Frau G., die haben mich wirklich verstanden" zeigt deutlich, dass infolgedessen eine erhebliche Steigerung des Selbstbewusstseins in der Anwendung der Sprache erreicht wird – insgesamt ein wesentlicher Beitrag zur Persönlichkeitsentwicklung.

Auch Mme L. betonte, dass der Austausch immer wieder eine große Motivation für die Schüler ist, die Fremdsprache weiter zu lernen, da die Fortschritte des sprachlichen Könnens während eines Austausches ernorm sind, wie man an den Schülertagebüchern gut nachvollziehen kann. Das liegt vor allem an der Tatsache, dass sie in den Gastfamilien gezwungen sind, sich mit der Fremdsprache auseinander zu setzen. Mme L. stellte nach dem Austausch im Unterricht immer wieder fest, dass die Schüler viel fließender sprechen, über größeres Vokabular verfügen und mehr wissen über Deutschland sowohl was die Landeskunde anbelangt als auch die Kultur sowie die Unterschiede der beiden Länder. Sicherlich nicht ganz ernst gemeint ist dabei der Wunsch eines jungen Franzosen, Unterricht wie in Deutschland und Schulferien wie in Frankreich zu haben.

Frau G. stellte nach dem Austausch immer wieder fest, dass die Bereitschaft zu spontanen Äußerungen im Fremdsprachenunterricht viel größer geworden sind.

Leider wird es immer schwerer, in Frankreich Schüler zu finden, die Deutsch lernen wollen. Mme L. äußerte, dass die meisten Schüler sich für Spanisch entscheiden, da sie der Überzeugung sind, dass die Sprache leichter zu erlernen ist. Außerdem erscheint ihnen die spanische Sprache vertrauter, da in französischen Radioprogrammen viel spanische Musik gespielt wird, aber kaum deutsche. Dabei kann es für die Zukunft der Jugendlichen sehr wichtig sein Deutsch zu lernen – bietet sich doch in Deutschland als den wichtigsten Außenhandelspartner Frankreichs ein weites berufliches Betätigungsfeld. Neben diesem Argument ist für Mme L. die Präsentation des bei den Schülern beliebten Schüleraustauschprogramms ein wichtiges Mittel, für den Deutschunterricht zu werben.

Auch Frau G. beklagt das Problem, dass viele Schüler Französisch abwählen, da Englisch als die vermeintlich leichter zu erlernende Sprache empfunden wird. Allerdings stellt sie fest, dass Schüler, die an einem Austausch nach Ernée teilgenommen haben, größere Bereitschaft zeigen, Französisch weiter zu lernen.

Beide Organisatorinnen stimmten darin überein, dass der Austausch überwiegend positive Ergebnisse erbracht hat.

So erwies sich zum Beispiel das gemeinsame Liedersingen schon beim ersten Zusammentreffen in Ernée als effektives Mittel,

Berührungsängste abzubauen. Die Lieder zogen sich wie ein roter Faden durch das gesamte Programm und trugen immer wieder dazu bei, eine vertrauliche, zu Gesprächen anregende Atmosphäre zu schaffen.

Auch die Tandemarbeiten veranlassten die Jugendlichen, sich intensiv bilingual miteinander zu befassen. Die am Abschlussabend von den Tandems präsentierten Ergebnisse – Modeschau, Quiz und Theaterstücke – wurden von den Eltern mit viel Applaus und Anerkennung belohnt.

Beim nächsten Austausch soll versucht werden, ein selbstverfasstes kleines Theaterstück zu erarbeiten und darzubieten, um die bilinguale Zusammenarbeit noch zu steigern.

Für eine weitere Innovation des Fremdsprachenunterrichts schlug Mme L. vor, mehrmals im Jahr mit verschiedenen Ländern Austauschprogramme durchzuführen. Außerdem wäre es ihrer Meinung nach sehr sinnvoll, muttersprachliche Lehrer für den Fremdsprachenunterricht zu gewinnen. Frau G. schlug vor, einen Austausch der Fremdsprachenlehrer über mehrere Monate zu organisieren, die dann in dieser Zeit den Unterricht in der Partnerschule übernehmen.

Beide Lehrerinnen halten sehr viel von einem frühen Beginn des Fremdsprachenunterrichts. Dafür spreche nach ihrer Meinung die Neugier der Kinder, ihre Fähigkeit zu imitieren und vor allem die Möglichkeit, den Kindern die Sprache ohne Leistungsdruck spielerisch vermitteln zu können.

Daneben steht ihre Forderung nach einer Änderung der Ausbildung der Fremdsprachenlehrer an den Universitäten. Im Rückblick auf ihre Ausbildung hatten beide das Gefühl, weder in der Fremdsprache gut ausgebildet noch im Hinblick auf die Praxis des Unterrichtsalltags ausreichend vorbereitet worden zu sein. Deshalb sollte jedes Sprachstudium zwingend einen einjährigen Aufenthalt in dem entsprechendem Land vorsehen.

3. Interview mit den Fremdsprachenlehrern der Schulen in Halberstadt und Ernée zum Thema Innovation und Internationalisierung des Fremdsprachenunterrichts

Das Interview[49] lässt sich in drei Teile gliedern:

- Die Ausbildung der Lehrkraft
- Worauf legt die Lehrkraft im Fremdsprachenunterricht wert?
- Persönliche Vorschläge zur Innovation und Verbesserungsvorschläge für den Fremdsprachenunterricht an der Schule.

Da der Altersunterschied der Lehrer an den Schulen oft sehr groß ist, fand ich es wichtig, zu fragen, wie lange die Ausbildung an der Universität zurückliegt. In Bezug auf Innovationen im Bereich der Ausbildung war es auch wichtig, zu erfahren, wie die einzelnen Lehrer im Nachhinein ihre Ausbildung betrachten. War die Ausbildung eher theoretisch oder praktisch? Worauf wurde in der Ausbildung Wert gelegt? Hat das Studium die Lehrer auf die Aufgabe des Fremdsprachenlehrers gut vorbereitet? Und vor allem, was hat den Lehrern in ihrer Ausbildung gefehlt?

Durch das unterschiedliche Alter und die daraus resultierenden unterschiedlichen Erfahrungswerte war es auch sehr interessant, zu betrachten, wie die Fremdsprachen aus ihrer Sicht am besten zu vermitteln seien. Es wurde auch erfragt, ab wann man mit dem Erlernen einer Fremdsprache beginnen sollte.

Innovation und Internationalisierung des Fremdsprachenunterrichts: Welche Vorschläge und Ideen haben die Lehrkräfte aus den verschiedenen Regionen zu diesem Thema? Wie sieht es nach Meinung der Lehrkräfte an ihrer Schule aus: Was könnte /sollte man verbessern?

---

[49] Interview mit Fremdsprachenlehrern siehe Anhang 9

Innovationen im Fremdsprachenunterricht:
Frühbeginn und Internationalisierung am Beispiel von Schulen in
Halberstadt und Ernée

Ziel dieser Umfrage ist es:

- herauszufinden, was man an der Hochschulausbildung ändern müsste
- die Meinungen zur Durchführung des Fremdsprachenunterrichts zu vergleichen
- zu erfragen, wie die Fremdsprachenlehrer die Zukunft des Fremdsprachenunterrichts sehen und was man tun kann um ihn zu verbessern?

Insgesamt wurden 13 Fremdsprachenlehrer in Halberstadt und Ernée an Grund- und weiterführenden Schulen befragt.

Wie lange liegt ihre Ausbildung im Bereich der Fremdsprachen zurück?

Zeitspanne in Jahren	Anzahl der Lehrer
Zwischen 1 – 10	2
Zwischen 10 - 20	6
Zwischen 20 - 30	3
Über 30	2

War die Ausbildung eher theoretisch oder praktisch?

Beurteilung der Ausbildung	Anzahl der Lehrer
Theoretisch	6
Praktisch	-
Beides	7

Innovationen im Fremdsprachenunterricht:
Frühbeginn und Internationalisierung am Beispiel von Schulen in
Halberstadt und Ernée

Worauf wurde in ihrer Ausbildung besonderer Wert gelegt?

Fachliche Bereiche	Anzahl der Lehrer
Didaktik/Unterrichtspraxis (Vermittlung der Fremdsprachen)	4
Theoretische Grundlagen im Bereich Linguistik, Grammatik, Literatur	7
Beides	2

Hat Sie das Studium – im Nachhinein betrachtet – auf die Aufgabe des Fremdsprachenlehrers gut vorbereitet?

Mögliche Antworten	Ergebnisse
Ja	4
Nein	8
Teilweise	1

Was hat Ihnen in Ihrer Ausbildung gefehlt?

Gegebene Antworten	Anzahl der Lehrer
Nichts	1
Auslandsaufenthalt/ Muttersprachler in der Ausbildung und Praxisbezug	10
Vorbereitung auf Problemfelder im Unterricht	2

Innovationen im Fremdsprachenunterricht:
Frühbeginn und Internationalisierung am Beispiel von Schulen in
Halberstadt und Ernée

Wie vermittelt man Ihrer Meinung nach am besten eine Fremdsprache?

(Die Lehrer gaben mehrere Möglichkeiten an)

Genanntes	Anzahl der Lehrer
Häufiger Methodenwechsel	1
Freude am Lernen vermitteln	5
Fächerübergreifendes Lernen	1
Gutes Verhältnis zu den Schülern	1
Unterricht spielerisch gestalten durch Spiele und singen	5
Einsatz von Realien und authentischen Materialien	3
Viele Sprechanlässe bieten	7
Freies Sprechen fördern	7
Motivation herstellen durch Projekte, Austauschprogramme	15
Learning by Doing	1

Ab welchem Alter sollte man Ihrer Meinung nach mit dem Fremdsprachenlernen beginnen?

Vorschläge der Lehrer	Anzahl der gegebenen Antworten
Kindergartenalter	6
Grundschule ab der 1. Klasse	5
Grundschule ab der 3. Klasse	2

Innovationen im Fremdsprachenunterricht:
Frühbeginn und Internationalisierung am Beispiel von Schulen in Halberstadt und Ernée

Haben Sie Vorschläge für die Innovation, die Internationalisierung und für die Verbesserung des Fremdsprachenunterrichts?

(mehrere mögliche Antworten)

Vorschläge der Lehrer	Anzahl der Lehrer
Keine	1
Muttersprachler im Unterricht	4
Fördermöglichkeiten für Interessierte	1
Mehr ausländische Kontakte/Partnerschulen/ Austauschprogramme	13
Austauschprogramme für Lehrer	8
Austauschmöglichkeiten über Internet	4
Größere finanzielle Unterstützung für Austauschprogramme und Medien	9
Unzureichende Aus- und Fortbildung verbessern	8
Kleinere Lerngruppen	5

Fazit

Beginn, Durchführung und Ziele des Fremdsprachenunterrichts waren und sind untrennbar mit den herrschenden gesellschaftlichen Bedingungen verbunden. Die Ausführungen im theoretischen Teil dieser Arbeit machen deutlich, welch vielfältigen Veränderungen der Fremdsprachenunterricht, vor allem der frühe, infolgedessen unterlag und noch unterliegt.

Die Bemühungen, den Fremdsprachenunterricht insbesondere aufgrund des europäischen Einigungsprozesses schon in der Grundschule einzuführen, waren noch nie so groß und wichtig wie heutzutage.

Die Einführung des Fremdsprachenunterrichts ab der dritten Klasse ist die wohl größte Innovation in Sachsen - Anhalt. Damit verbunden ist auch die Entwicklung der Rahmenrichtlinien für das Fach Englisch an Grundschulen auf der Basis einer Evaluation . Sie werden jedoch erst im Jahr 2005 offiziell eingeführt, Informationen zur Erprobung findet man im Internet. Zu bemängeln ist meiner Meinung nach, dass sich diese Erprobung ausschließlich mit der englischen Sprache befasst und nicht allgemein die Thematik Fremdsprachen behandelt. Vergleicht man diese Erprobung mit den Rahmenrichtlinien in Frankreich, wird deutlich, dass die französischen Richtlinien den Schulen weitaus mehr Freiraum für die Wahl der zu unterrichtenden Fremdsprachen lassen. Hier wird auf keine spezielle Fremdsprache eingegangen, sondern es werden allgemein für regionale Sprachen und Fremdsprachen, Richtlinien und Zielvorstellungen beschrieben (siehe S.23ff). Ich finde den Aspekt der regionalen bzw. Nachbarsprachen sehr wichtig. Wäre es für den Fremdsprachenunterricht in Sachsen – Anhalt nicht auch notwendig, Polnisch oder Russisch anzubieten? Immerhin gestalten sich der Aufwand eines Austauschprogramms, zumindest im Hinblick auf Reisezeit und Kosten, bei weiten nicht so aufwendig wie im Falle einer Partnerschaft zum Beispiel mit England.

Innovationen im Fremdsprachenunterricht:
Frühbeginn und Internationalisierung am Beispiel von Schulen in
Halberstadt und Ernée

Gemeinsamkeiten weisen die französischen und deutschen Rahmenrichtlinien in den durch den europäischen Referenzrahmen formulierten Lernzielen am Ende der Grundschulzeit auf. Es geht nicht mehr nur darum, den Schülern sprachliche Kenntnisse spielerisch und kindgerecht zu vermitteln - das interkulturelle Lernen gewinnt immer mehr an Bedeutung.

Wie der neue europäische Referenzrahmen zeigt, sind alle Länder bereit, die Zukunft der Kinder gemeinsam in die Hand zu nehmen. Ziel des Referenzrahmens ist es, das Schulsystem in Europa einheitlicher und vergleichbarer zu gestalten. Das ist zum Beispiel besonders wichtig im Hinblick auf den europäischen Arbeitsmarkt. Hier wird sehr deutlich, welchen Stellenwert das Erlernen einer fremden Sprache einnimmt, und sei es auch nur im Hinblick darauf, die Chancen auf einen adäquaten Arbeitsplatz entscheidend zu vergrößern.

In Frankreich ist großes Interesse vorhanden, viele Fremdsprachen möglichst früh zu vermitteln (vgl. S. 20) . Als besonders positiv empfinde ich, dass die Kinder bedingt durch das Schulsystem schon im Kindergartenalter mit Fremdsprachen wie Englisch und Spanisch konfrontiert werden. Allein die Tatsache, dass nahezu alle Kinder – obwohl nicht obligatorisch - in Frankreich den Kindergarten besuchen, zeigt das große Interesse, den Kindern möglichst früh eine schulische Ausbildung bieten zu können. Die gleiche Tendenz ist auch in Deutschland verstärkt festzustellen. Erstaunlich ist, dass die Eltern mit ihrem Votum für einen Fremdsprachenunterricht schon ab der ersten Klasse sogar weitergehen als die amtlichen Vorgaben, wie das Beispiel der Grundschule EGS in Halberstadt zeigt. Außerdem gibt es viele Stimmen, die sich für einen Kindergarten mit Fremdsprachenerziehung aussprechen. Es ist bedauerlich, dass nicht - wie in Frankreich - jedes Kind in Deutschland die Chance hat, einen Kindergarten zu besuchen und somit mögliche erste Erfahrungen mit fremden Sprachen und Kulturen zu sammeln. Meine Beobachtungen an der EGS haben gezeigt, mit wie viel Spaß, Neugier und Unbefangenheit sehr junge

Kinder mit fremden Sprachen umgehen. Ich schließe mich der Meinung der Direktorin der EGS an, dass man diese Fähigkeiten mehr und früher nutzen sollte. Auch bei der Befragung der Fremdsprachenlehrer zu dem Thema, ab welchem Alter der Fremdsprachenunterricht beginnen solle, zeichnete sich eine deutliche Tendenz in Richtung Grundschule und Kindergarten ab.

Der Fremdsprachenunterricht war in beiden Grundschulen sehr kindgerecht und spielerisch gestaltet. Die französische Grundschule ist nach meinem Dafürhalten sehr bestrebt, den frühen Fremdsprachenunterricht zu erneuern und zu intensivieren. Sie hat deshalb eine Partnerschule in Irland, die einmal im Jahr besucht wird. Ich bin durchaus der Überzeugung, dass solche Austauschprogramme schon ab der dritten Klasse durchführbar sind und den Schülern in ihrer sprachlichen und interkulturellen Bildung sehr weiterhelfen. Die Grundschule bietet nicht nur Englisch sondern auch Spanisch an. Um den Kindern ein möglichst breit gefächertes Angebot von Sprachen aus Europa bieten zu können, steht man der Möglichkeit, weitere Fremdsprachen anbieten zu können, positiv gegenüber.

Ein großes Problem, das die Einführung des frühen Fremdsprachenunterrichts mit sich bringt, ist der Mangel an fremdsprachlich gut ausgebildeten Grundschullehrern. Die Umfrage unter den Lehrkräften zeigt, dass ein Großteil der Lehrer seine Ausbildung vor über zehn Jahren absolviert haben. Zu dieser Zeit wurde ein Fremdsprachenstudium für die Grundschule noch nicht angeboten. Viele Grundschullehrer übernehmen den Fremdsprachenunterricht an Grundschulen nach Fortbildungen in ihrer freien Zeit. Das kann meiner Meinung nach aber nur eine Notlösung sein, da die Vermittlung einer fremden Sprache in einem so frühen Alter wenigstens Grundkenntnisse der Fremdsprachendidaktik voraussetzt, um gute Erfolge zu erzielen, ohne die Kinder dabei zu überfordern.

Innovationen im Fremdsprachenunterricht:
Frühbeginn und Internationalisierung am Beispiel von Schulen in
Halberstadt und Ernée

Eine Innovation des frühen Fremdsprachenunterrichts ist ohne eine qualifizierte, an den neuen Lernzielen orientierte Ausbildung, nicht möglich. In der Befragung der Fremdsprachenlehrer in Bezug auf ihre Ausbildung wurde deutlich, dass die Ausbildung viel zu theoretisch ist und die Vorbereitung auf den Unterrichtsalltag, vor allem die Vorbereitung auf die Problemfelder im Unterricht, fast völlig fehlt. Auch meiner Meinung nach müsste wenigstens ein einjähriger Aufenthalt im Ausland obligatorisch sein. Die meisten Fremdsprachenlehrer sehen das Austauschprogramm als eine Bereicherung und Motivation für die Schüler an, mit Freude Fremdsprachen zu lernen. Das Interview zeigt auch, dass kein Lehrer nach der Art des traditionellen Fremdsprachenunterrichts unterrichtet. Die meisten legen großen Wert darauf, viele reale Sprechanlässe zu bieten, um so das freie Sprechen zu fördern, was wiederum eine wichtige Vorbereitung für ein Austauschprogramm ist. An der Grundschule finde ich, wie auch die meisten Lehrer, es sehr wichtig, mit authentischen Materialien und fächerübergreifend zu arbeiten. Der psychologisch bedingte Lerneffekt ist dabei sehr groß.

Ein Austauschprogramm, wie es an den beiden weiterführenden Schulen in Halberstadt und Ernée durchgeführt wird, ist nach meinem Dafürhalten eine ideale Möglichkeit, auch die älteren Schüler auf ein Leben im vereinten Europa vorzubereiten. Allerdings erfordert die Vorbereitung, Organisation und Durchführung eines solchen Austauschs einen enormen Arbeitsaufwand. Die Organisatoren sind dabei größtenteils auf sich allein gestellt. Im Kollegium wird ein solches Austauschprogramm oftmals als Störfaktor empfunden und nicht als Bereicherung der Lernprozesse der Schüler anerkannt. Es wäre sehr wünschenswert, eine allgemeine Austauschwoche an Schulen einzuführen, in der weder Klassenarbeiten geschrieben noch neuer Unterrichtsstoff durchgenommen werden. Die Leidtragenden dieser ständigen Dispute sind am Ende nicht nur die Organisatoren, sondern vor allem auch die Schüler, die gezwungen sind, den versäumten Unterrichtsstoff alleine nachzuholen und Klassenarbeiten nachzuschreiben. Es müsste eine Möglichkeit gefunden werden, eine solche Schulpartnerschaft eine Woche lang in das Schulleben und in möglichst viele Unterrichtsfächer zu integrieren. Der Vorteil wäre, dass der Nutzen der internationalen Aktivitäten nicht nur in den Erträgen für den Fremdsprachenunterricht läge, sondern auch ihren Platz im nicht – fremdsprachlichen Unterricht fände. So wäre gewährleistet, dass nicht die ganze Arbeit auf den Schultern weniger Person lastet. Das wiederum würde bestimmt mehr Fremdsprachenlehrer motivieren, ein Austauschprogramm aufzubauen oder intensiver daran mitzuarbeiten. Außerdem wird durch die Einbeziehung anderer Fächer die schulische Partnerbeziehung inhaltlich erweitert und auch personell vergrößert, was den positiven Effekt hätte, das Austauschprogramm dauerhaft zu integrieren.

Ein weiteres großes Problem sehe ich in der finanziellen Unterstützung solcher wichtigen Projekte. Ich finde es „traurig", dass Geldmangel die Umsetzung solch einer wichtigen Idee erschwert oder gar verhindert, denn die positiven Ergebnisse eines solchen Austauschprogramms sind enorm, wie die Beispiele der Schülertagebücher und Umfragen deutlich machen. Die Schüler machen nicht nur riesige sprachliche Fortschritte, sondern schließen auch oft Freundschaften fürs Leben. Die während eines solchen Austauschs entstehenden emotionalen Bindungen sind nicht zu unterschätzen. Das ist vor allem an der Verabschiedung nach einer Woche gemeinsamen Lebens zu erkennen. Die Schüler liegen sich weinend in den Armen und wollen den Partner nicht gehen lassen. Fast 100% der teilnehmenden Schüler empfanden den Austausch als positiv in Bezug auf ihr Fremdsprachenlernen. Eine Schülerin äußerte mir gegenüber: "Nichts anderes kann einem das Land näher bringen als ein Austausch". Viele Schüler stehen noch heute in Kontakt mit den neu gewonnenen europäischen Freunden und besuchen sich in den Ferien gegenseitig.

Die Idee auch unter den Fremdsprachenlehrern ein Austauschprogramm durchzuführen, hat mich sehr überzeugt. Davon profitieren nicht nur die Lehrer, sondern auch die Schüler, die während eines solchen Austauschs von einen muttersprachlichen Lehrer unterrichtet werden.

Die Auseinandersetzung mit den Themen im Rahmen dieser Arbeit hat für meine künftige Arbeit und der damit verbundenen Verantwortung als Fremdsprachenlehrerin viel gebracht. Ich wurde mit vielen Ideen, aber auch mit vielen Problemen konfrontiert, die es noch zu bewältigen gilt, bis der Fremdsprachenunterricht auf europäischer Ebene vergleichbar ist. Besonders beeindruckt hat mich das Thema des Schüleraustauschs.

Aus eigener Erfahrung weiß ich, wie wichtig ein Auslandsaufenthalt nicht nur für das Lernen und Beherrschen einer Fremdsprache ist, sondern auch, um die Kultur und „the way of living" anderer Menschen von anderen Kulturkreisen zu verstehen. Nur so kann man meiner Meinung nach Zugang zu einer fremden Sprache finden. Denn das Erlernen einer Sprache zielt nicht nur darauf ab, in Alltagssituationen bestehen zu können, vielmehr bietet der Fremdsprachenunterricht die Möglichkeit, durch sprachliches Agieren und Verständnis für verschiedene kulturelle Gegebenheiten einen Schritt auf dem Weg eines lebenslänglichen Lernens und Begegnens mit fremden Kulturen zu gehen.

Daneben stellt er ein wesentliches Element in der Entwicklung des Individuums dar, indem er Einstellungen und Verhaltensweisen wie zum Beispiel Selbstbewusstsein, sicheres Auftreten, Kontaktfreudigkeit, Fähigkeit zu Teamwork und gedankliche Offenheit und Beweglichkeit fördert.

Literatur

Bücher:

-**Arbeitsgruppe Bildungsbericht am Max – Planck – Institut für Bildungsforschung**: Das Bildungswesen in der Bundesrepublik Deutschland. Rowohlt Taschenbuch Verlag GmbH 1994

-**Bausch**, Karl – Richard: Handbuch Fremdsprachenunterricht. 4. Auflage. A. Francke Verlag, Tübingen. 2003

-**Beck**, Gertrud: Beobachten im Schulalltag. Cornelsen Verlag Scriptor GmbH&Co, Frankfurt am Main. 1995

-**Bleyhl**, Werner: Fremdsprachen in der Grundschule. Schroedel Verlag, Hannover. 2000

-**Böth,** Gunhild: Schulpartnerschaften. Waxman Verlag GmbH, Münster. 2001

-**Doyé,** D.: Untersuchungen zum Englischunterricht in der Grundschule. Georg Westermann Verlag, Braunschweig. 1977

-**Edelenbos**, Peter u.a.: Fremdsprachenlernen mit Spaß. Verlag Herder Freiburg im Breisgau. 2001

-**Geisler,** Wilhelm: Die anglistische Fachdidaktik als Unterrichtswissenschaft. Peter Lang GmbH, Frankfurt am Main. 1987

-**Gompf,** Gundi: Englischunterricht auf der Primarstufe. Deutsches Institut für Internationale Pädagogische Forschung, Frankfurt am Main. 1975

Gompf, Gundi: Englisch ab Klasse 3. Deutsches Institut für Internationale Pädagogische Forschung, Frankfurt am Main. 1980

-**Gompf,** Gundi: Kinder lernen europäischen Sprachen e.V., Jahrbuch 90. Ernst Klett Schulbuchverlag, Stuttgart. 1990

-**Hegele,** Irmtraud: Kinder begegnen Fremdsprachen. Westermann Schulverlag GmbH, Braunschweig. 1994

-**Hellweg,** Karlheinz: Fremdsprachen an Grundschulen als Spielen und Lernen. Max Hueber Verlag, Ismaning. 1995

-**Jacobi,** Brunhilde u.a.: Begegnung mit Sprachen. Cornelsen Verlag Scriptor GmbH&Co.KG, Berlin. 1997

-**Jaffke,** Christoph: Fremdsprachenunterricht auf der Primarstufe; 2. Auflage. Deutscher Studien Verlag, Weinheim. 1994

-**Jaffke,** Christoph: Fremdsprachen für alle Kinder. Ernst Klett Grundschulverlag GmbH, Leipzig. 1997

-**Kretschmer,** Horst: Eine Orientierungshilfe zum Lernen und Lehren. Cornelsen Verlag Scriptor GmbH&Co.KG, Berlin. 1998

-**Kubanek – German,** Angelika: Kindgemäßer Fremdsprachenunterricht Band 1. Waxmann Verlag GmbH, Münster. 2001

-**Kubanek – German,** Angelika: Kindgemäßer Fremdsprachenunterricht Band 2. Waxmann Verlag GmbH, Münster. 2003

-**Legutke**, Michael: Englisch ab Klasse 1. Cornelsen Verlag, Berlin. 2002

-**Leupold**, Eynar: Französisch unterrichten. Kallmeyersche Verlagsbuchhandlung GmbH. Hamburg. 2002

-**Melde**, Wilma: Innovationen im Fremdsprachenunterricht 1, Offene Formen und Frühbeginn. Peter Lang GmbH, Frankfurt am Main 2002

-**Niedersächsisches Kultusministerium**: Didaktisch – methodische Empfehlungen für das Fremdsprachenlernen in der Grundschule. Niedersächsisches Kultusministerium, Hannover. 1995

-**Pelz**, Manfred : Lerne die Sprachen des Nachbarn; Grenzüberschreitende Spracharbeit zwischen Deutschland und Frankreich. Moritz Diesterweg GmbH, Frankfurt am Main. 1989

-**Programmes De L´Ecole Primaire**

Zeitschriften:

-**Casden**, Banque Populaire: Vivre ensemble en Europe.

-**Grundschulunterricht** : Beiheft Fremdsprachen. Pädagogischer Zeitschriftenverlag, Berlin. April 1998

-**Grundschulunterricht 2001**. Sonderheft Fremdsprachen. Pädagogischer Zeitschriftenverlag, Berlin 2001

Internet

-http://www.education.gouv.fr/discours/2001/langues.htm (20.09.04)
-www.bildungsserver.de/rahmenrichtlinien (11.10.04)

Innovationen im Fremdsprachenunterricht:
Frühbeginn und Internationalisierung am Beispiel von Schulen in
Halberstadt und Ernée

-www.bildungsserver.de/referenzrahmen (11.10.04)

-www.goetheinstitut.de/referenzrahmen (11.10.04)

Anhang:

„Good afternoon Song"

Good afternoon, good afternoon.

How are you? How are you?

I´m fine thank you.

"Hello Song"

Hello King, hello King, hello King, hello King,

HELLO KING

"Good morning Song"

Good morning, good morning, good morning to you.

Good morning, good morning

and how are you?

"Old Mc Donald Song"

1.

Old Mac Donald had a farm, I-A-I-A-O.

And on his farm he had some chicks, I-A-I-A-O.

With a chick-chick here, and a chick-chick there,

here a chick, there a chick ev'rywhere a chick-chick.

2.

Old Mac Donald had a farm, I-A-I-A-O.

Innovationen im Fremdsprachenunterricht:
Frühbeginn und Internationalisierung am Beispiel von Schulen in
Halberstadt und Ernée

And on his farm he had some ducks, I-A-I-A-O.

With a quack-quack here, and a quack-quack there,

here a quack, there a quack ev'rywhere a quack-quack.